KB185575

돈이 좋은 열한 살

야무지게 돈 모으는 법

박현아 글 · 장경혜 그림

돈으로 뭐든 다 할 수 있을까?

　　요즘 세상은 정말 편리해요. 손가락 하나만 까딱 하면 원하는 물건이 하루 만에 집 앞으로 배달되지요. 이렇게 쉽게 물건을 살 수 있다는 건, 그만큼 돈을 쓰는 일이 쉬워졌다는 얘기예요.

　　돈은 우리 삶에서 아주 중요한 부분을 차지해요. 돈이 있어야 안전하고 건강하게 살 수 있고, 사랑하는 사람들도 지킬 수 있으니까요. 그렇다고 돈에 온 마음을 빼앗겨서는 안 돼요. 돈이 마음을 지배할 때 우리 사회를 지켜 주는 정의, 존중, 자유, 안전, 책임과 같은 가치가 무너지거든요. 미끼에 걸린 물고기처럼 오로지 돈만 바라보며 끌려다니는 건 바람직하지 않아요. 돈보다 소중한 가치를 추구하며, 알맞은 곳에 돈을 쓸 줄 알아야 온전한 행복을 느끼며 살 만한 세상을 만들 수 있어요.

　　'돈이 많았으면 좋겠어!'라는 생각을 한 번도 안 해 본 사람은 없을 거예요. 하지만 돈이 얼마나 많은지보다 돈을 제대로 관리하는 능력이 더

중요해요. 돈을 잘 관리한다는 건 단순히 돈을 모으는 것만을 뜻하지 않아요. 내가 가진 돈을 어디에, 어떤 가치를 위해 쓰는지 아는 게 더 중요하답니다. 상황에 맞게 돈을 잘 다룰 수 있어야, 스스로 미래를 설계하는 멋진 어른이 될 수 있어요.

　강하와 준휘가 '돈' 때문에 겪는 다양한 상황을 보며 여러분도 소비와 저축에 대해 진지하게 고민해 보세요. 그리고 강하와 준휘처럼 한번 실천해 보세요. 그러면 강하처럼 내가 좋아하고 이루고 싶은 것에 한 발짝 스스로 다가갈 수 있을 거예요. 가진 돈이 적다고 탓하기보다 어떻게 하면 돈을 더 잘 쓰고 모을 수 있을지 생각해 보는 거예요. 내 돈을 잘 관리하면서 돈보다 소중한 것들도 함께 떠올릴 줄 아는 여러분이 되길 바라요.

박현아

총합계 : 136쪽
할인 : 0원
결제대상금액 : 13,000원
부가세: 0원

편의점의 유혹

"나 먼저 간다. 내일 봐."

교문을 나서는데 오늘따라 하늘이 유난히 파랗다. 강하는 사계절 가운데 겨울을 가장 좋아한다. 눈이 오면 눈썰매를 타고 눈싸움을 할 수 있는 데다, 크리스마스에 방학까지 있기 때문이다. 마스크와 손난로만 있으면 매서운 칼바람도 무섭지가 않다. 강하는 주머니 속 손난로를 만지작거리며 콧노래를 흥얼거렸다. 늘 지나가던 편의점 문 위에 걸린 낯선 현수막을 보고, 자연스레 발걸음을 멈췄다. 학교 앞 편의점에도

겨울 분위기가 물씬 났다.

구름 호빵, 1+1 행사 중

강하는 김이 모락모락 나는 하얗고 폭신한 호빵을 생각하며 꼴깍 침을 삼켰다. 편의점 문 앞으로 바짝 다가가 광고지에 적힌 작은 글자를 읽었다.

> 이벤트 기간 11월 18일 ~ 12월 1일 (단 2주간)
> 우리별 카드로 결제 시 할인 적용

'쳇, 이럴 줄 알았어.'

카드로 결제해야 호빵을 하나 더 준다는 사실에 강하는 마음이 언짢았다. 왜 어린이들에게는 이런 혜택을 주지 않는 건지, 카드를 마음대로 못 만드는 어린이는 비싼 돈으로 사 먹으란 말인지, 아이들은 어른들처럼 돈을 벌 수도 없는데 뭔가 불공평한 것 같았다. 뾰로통하게 나온 입을 마스크로 가리고 발걸음을 옮기려는데 '띠리링' 휴대전화가 울렸다. 강하는 서둘러 문자를 확인했다. 엄마였다.

> 강하야, 갑자기 약속이 생겨서 늦을 것 같네.
> 냉장고에 깎아 둔 과일 꺼내 먹고 준휘랑 숙제하고 있어.

문자를 보자마자 강하는 입꼬리가 사정없이 올라갔다. 엄마 몰래 하는 게임은 주말에 하는 게임보다 몇 배나 흥미진진했다. 친구들과 게임 약속을 잡을 생각에 저절로 발걸음이 빨라졌다.

'오늘은 꼭 아이템 업그레이드 해야지.'

'띠띠띠띠 드르륵—'

문을 열고 들어가니 가방도 안 벗은 채 소파에 누워 있는 준휘가 보였다.

"뭐 하냐, 너?"

"배고파서 가방 벗을 힘도 없어. 형아, 엄마 어디 갔어?"

"엄마 볼일 보고 이따 저녁때쯤 오신대."

"형아는 오늘 학원 안 갔어? 왜 이렇게 일찍 와?"

"선생님이 독감 걸려서 수업을 못 하신대. 아이고, 슬퍼라."

"뭐야, 왜 웃으면서 슬프다 해? 형아, 이상해."

강하도 선생님이 아프다니 조금 걱정이 되긴 했다. 하지만 엄마도 없고, 학원 숙제까지 없는 오늘은 1년에 한 번 있을까 말까 한 엄청난 날이다. 강하는 서둘러 방으로 들어가 가방을 휙 던져 놓고 게임 앱에 들어갔다.

"이 형님이 현질* 없이 포인트를 이만큼이나 모았단다. 우리 반에서 세 번째로 많아."

"형아, 엄마 몰래 도대체 게임을 얼마나 한 거야?"

"너, 엄마한테 말하면 알지? 내가 아이템 준다고 했던 거 다 취소야, 알았지?"

"알았어, 그 얘기 좀 그만해. 근데 편의점에 용빌리지 빵 나왔던데, 안에 아이템 교환권이 들어 있대."

"오! 진짜?"

* 현질 : 현금을 주고 게임 아이템 등을 사는 걸 이르는 말.

강하 두 눈에 번쩍하고 불이 들어왔다. 준휘 말이 떨어지기 무섭게 운동화를 구겨 신고 아파트 앞 편의점으로 달려갔다. 아니나 다를까, 편의점 입구에 '용빌리지 빵 품절'이라고 적힌 종이가 떡하니 붙어 있었다.

　뒤따라온 준휘가 강하 앞을 가로질러 문을 잡아당겼다. 얼떨결에 편의점 안으로 들어간 강하는 혹시나 하고 빵이 올려진 선반을 두리번거렸다. 선반 한쪽 귀퉁이에는 유행이 지난 포켓빵이 가득 쌓여 있었다.

‘예전에는 사고 싶어도 못 샀던 빵인데, 이렇게나 많이 쌓여 있네……’

몇 달 전 강하는 더 이상 포켓빵을 사지 않겠다고 다짐했다. 하지만 마음을 흔드는 다른 빵이 또 이렇게 나올 줄은 몰랐다.

강하는 두 손을 겨드랑이에 끼우고 입을 삐죽거렸다.

‘도대체 이런 건 누가 자꾸 만드는 거야.’

"형아, 벌써 다 팔린 거지?"

"그런가 봐. 밖에 품절이라 적혀 있더니, 정말이네. 또 새로운 유행인가 보다."

편의점 밖으로 나온 강하와 준휘는 의자에 앉아 머리를 맞대고 속닥거렸다. 한동안 뽑기에 빠져 용돈을 허무하게 써 버린 준휘는 기분이 영 찜찜했다. 왠지 아이템 교환권 대신 ‘꽝, 다음 기회에’란 쪽지가 들어 있을 것 같았다.

"형아, 아무래도 이거 거짓말 같아. 수상해."

"설마, 이렇게 대놓고 속이겠어?"

"포켓빵은 전설 캐릭터 띠부씰이 나와야 돈을 더 받고 팔 수 있었잖아. 근데 이건 빵을 사기만 해도 아이템을 나눠 준다고 하니 이상한 거지. 게임 아이템을 그렇게 순순히 나눠 주겠어? 틀림없이 무슨 조건이 또 있을 거야."

턱에 손을 괸 채로 생각에 빠져 있던 준휘는 강하와 두 눈이 마주쳤다. 둘은 약속이라도 한 듯 침을 꼴깍 삼켰다.

"형아, 나 호빵 먹고 싶다. 배고파."

강하도 호빵을 떠올리니 군침이 돌았다. 지금 이 순간 만큼은 용빌리지 빵보다, 촉촉하고 달콤한 호빵이 더 먹고 싶었다. 하지만 둘 다 주머니를 뒤져 봐도 100원짜리 동전 몇 개뿐이었다.

"야! 박준휘, 안 되겠다. 일단 집으로 가자."

집에 오자마자 강하는 냉장고 문을 열어젖혔다. 호빵과 찰떡궁합인 우유가 보였다. 강하는 재빨리 엄마에게 문자를 보냈다.

> 엄마, 준휘랑 사이좋게 숙제하고 있어요.
> 호빵 먹고 싶은데 올 때 사 오시면 안 될까요?
> 집 앞 편의점에서 1+1 행사 중이에요.

마케팅이란?

단순하게 생각하면 광고만을 떠올리기 쉽지만, 소비자에게 제품이나 서비스를 제공하는 것과 관련된 모든 활동을 마케팅이라고 해요. 요즘은 처음 나오는 제품마다 마케팅 경쟁이 점점 더 치열해요. 어린이들이 자주 이용하는 편의점도 마케팅 경쟁이 치열한 곳이에요. 새로 나온 도시락을 홍보하기 위해 증권사에서 주식을 나눠 주거나, 게임 회사와 함께 빵을 출시해 아이템을 증정하는 이벤트를 벌이기도 해요.

마케팅을 하려면 먼저 판매 전략을 세우고 소비자를 분석해요. 그리고 그에 맞는 제품과 서비스를 기획하지요.

펀슈머의 등장

'펀슈머'는 재미를 뜻하는 '펀(Fun)'과 소비자를 뜻하는 '컨슈머(Consumer)'를 더한 말이에요. 소비를 할 때 재미와 즐거움, 신선함을 추구하는 소비자를 가리켜요. 편의점과 슈퍼마켓에 가 보면 펀슈머를 겨냥한 제품들이 많아요. 인기 있는 제품끼리 서로 제휴를 맺어 새롭게 보이도록 하거나, 기존 제품을 크게 만들어서 눈에 띄도록 해요. 소비자들이 구매를 하면서 재미를 느끼도록 하고, 자신의 소비를 소셜 네트워크 서비스(SNS)에 공유하면서 홍보 효과까지 노리는 거지요.

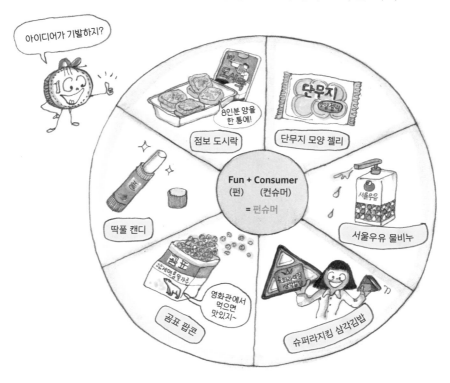

1+1 이벤트를 왜 할까?

하나를 사면 하나를 더 주는 1+1 행사를 자주 하면 기업이 손해 보지 않느냐고요? 원래 가격보다 더 많은 걸 얻었을 때 우리는 '공짜'라고 느껴요. 기업이 덤을 얹어 주는 공짜 마케팅을 하는 데는 그럴만한 까닭이 있어요. 짧은 기간에 판매량을 늘리기 위해, 신제품을 빠르게 알리기 위해, 혹은 인기가 없는 제품을 인기 있는 제품에 끼워 팔아 재고를 빨리 없애기 위해 공짜 마케팅을 하지요. 한마디로 미끼 상품을 제공해 고객이 지갑을 열게 하는 거예요. 기업들이 어떻게 판매 전략을 세우는지 이해하면 물건을 살 때 꼼꼼히 따져 볼 줄 아는 눈이 생겨요.

당선 파티

일요일 아침, 고소한 참기름 냄새가 집 안 가득 퍼졌다. 준휘는 한쪽 눈에 낀 눈곱을 떼어 내며 킁킁 냄새를 맡았다. 실컷 늦잠을 자고 난 강하가 의자를 빼고 식탁 앞에 앉았다. 곧 식탁 위로 바삭하게 구운 김이 올라왔다. 준휘는 손으로 김을 한 장 집어 날름 입속으로 넣었다.

"형아, 3학년 되면 뭐가 좋아?"

"쯧쯧, 넌 좋은 게 있다고 생각하니? 6교시가 생기고 사회랑 과학까지 배워야 되는데?"

"진짜? 정말 좋은 게 아무것도 없어?"

"한 가지 좋은 게 있긴 하지. 점심시간에 친구들이랑 운동장에서 놀 수 있다는 거. 그리고 또 있어. 3학년 때부터는 반장 선거를 하지. 반장과 부반장이 생기는 거야."

"아! 그럼, 다음 주에 하는 전교 회장 선거는 반장 중의 반장을 뽑는 선거야?"

준휘는 학교 방송 시간에 들은 이야기를 꺼냈다. 준휘가 묻는 말에 강하는 고개를 끄덕였다. 강하에게 전교 회장 선거란 별다른 감흥 없이 지나가는 학교 행사 중 하나였다. 하지만 이번에는 달랐다. 단짝 친구 서진이가 전교 부회장에 도전해 보겠다고 나섰기 때문이다.

본격적인 선거 운동을 앞두고, 서진이는 강하에게 홍보 피켓을 같이 만들자고 했다. 그게 오늘이었다. 강하는 아침밥을 먹자마자 서진이네 집으로 갔다.

서진이 방에는 만들다 만 홍보물이 여기저기 흩어져 있었다. 강하가 살펴보니 온통 뻔한 문구들뿐이었다.

'기호 2번 이서진, 희망초등학교의 참일꾼이 되겠습니다.'

"강하야, 아무리 생각해도 나……, 선거에서 떨어질 것 같아. 괜히 나갔나 봐."

"음……, 나도 동의. 확실히 떨어지겠다. 공약이 평범하다못해 너무 별로야."

"뭐 특별한 게 없을까? 나를 찍을 수밖에 없는 특별한 공약 같은 거 말이야."

그 순간, 강하 머릿속에 만화책에서 봤던 장면 하나가 떠올랐다.

"이서진, 이건 어때? 제 방귀는 엄청난 파괴력을 지니고 있습니다."

"야, 장난하지 말고. 나 진지하다니까."

"끝까지 들어 봐. 제 방귀로 학교를 날려 버리는 건 일도 아닙니다. 여러분, 날마다 똑같은 교실에서 공부와 숙제, 지긋지긋하시죠? 제 방귀 한 방으로 지긋지긋한 교실을 모조리 날려 버리겠습니다."

능청스러운 강하의 말투에 서진이는 진지한 얼굴로 홍보 피켓에 방귀를 그려 넣었다. 그리고 공약 사항에 '달마다 1회 교실 밖 수업 추진'을 써 넣었다.

이튿날, 서진이는 학교 정문 앞에서 직접 만든 피켓을 들고 강하를 기다렸다. 강하와 서진이는 파란 야구 모자를 맞춰 쓰고, 피켓을 좌우로 흔들었다.

"방. 구. 파. 워. 이서진! 기. 호. 2. 번. 이서진!"

"전교 부회장에 이서진을 찍어 주세요."

사흘 동안 치열한 선거 운동이 끝나고 드디어 오늘, 결과가 발표되는 날이다. 강하는 떨리는 마음으로 학교 누리집에 들어갔다. 새로고침 단추를 몇 번이고 누르며 공지사항에 새 글이 올라오기를 기다렸다.

> **희망초등학교 전교 어린이 임원선거 결과 발표**
> **'20○○학년도 1학기 전교 부회장 4학년 5반 이○진'**

당선 소식이 뜨자마자 휴대전화가 울렸다. 서진이였다.

"강하야, 누리집 봤어? 나 진짜 떨어질 줄 알았는데, 와! 정말 안 믿겨."

"축하해. 이서진, 나도 네가 진짜 될 줄은 몰랐다."

"네가 도와준 덕분이지. 대박! 기분 엄청 좋아."

학급 채팅방에도 줄곧 알림이 울려 댔다. 축하 인사와 함께 다양한 이모티콘이 쏟아졌다. 몇 분 뒤, 오늘의 주인공 서진이가 채팅방에 문자를 올렸다.

> 내일 오후 5시에 공원 놀이터에서 <축하 파티> 할 예정.
> 올 수 있는 사람은 나오길.
> 1. 이서진
> 2.

2번 뒤에 '박강하' 이름을 써서 보내고 시끄럽게 울려 대는 휴대전화를 잠시 내려 두었다. 강하는 마치 자기가 당선된 듯 뿌듯했다.

다음 날, 강하는 학원 수업이 끝나자마자 바로 공원 놀이터로 달려갔다.

"야, 이서진, 오늘 뭐 할 거야?"

서진이는 강하를 보자마자 씩 웃음을 지었다. 그러고는 주머니에서 50,000원짜리 한 장을 꺼냈다.

"와! 50,000원? 엄마가 주셨어? 대박 부럽다."

"엄마가 애들이랑 맛있는 거 사 먹으라고 주셨어."

서진이 어깨가 한층 솟아올랐다. 5시가 지나자 반 친구들이 하나둘씩 모습을 드러냈다. 놀이터 의자에 모여 앉은 아이들은 서로 멀뚱히 얼굴만 쳐다봤다. 모인 친구들은 모두 열 명이었다. 친구들을 보며 서진이는 주머니 속에 든 50,000원짜리를 만지작거렸다.

　　서진이는 50,000원을 어떻게 써야 할지 빠르게 머리를 굴리는 것 같았다. 강하도 그런 서진이를 보며 나라면 어떨까 생각했다.

　　'50,000원이니까 한 사람당 5,000원 조금 넘게 쓸 수 있네. 5,000원으로 뭘 할 수 있지? 동전 노래방 가자고 할까? 아니야, 분명 가기 싫다는 애들이 있을 거야. 분식집에서 컵 떡볶이나 팝콘 치킨 먹자고 할까? 아니면 편의점 가서 5,000원어치 먹고 싶은 걸 고르라 할까?'

　　강하와 서진이가 생각에 빠진 사이 누군가 침묵을 깼다.

　　"야, 이럴 시간 없어, 우리 그냥 놀자."

　　태권도복을 입은 다희였다.

"그래, 우리 술래잡기하자."

옆에 있던 연우가 다희 말을 받았다. 그러자 다희는 기다렸 단 듯이 '가위바위보'를 외쳤다. 다희가 술래였다. 하지만 학 교 육상부 대표 선수인 다희는 금세 다른 아이들을 잡았다.

강하와 서진이도 얼떨결에 술래를 피해 도망 다니기 바빴 다. 어느새 50,000원을 어디다 쓸까 하는 고민은 잊어버렸 다. 그렇게 한참을 놀다 숨을 헐떡이는 몇몇 아이들이 놀이 터 바닥에 그대로 드러누웠다. 강하랑 서진이도 슬쩍 바닥에 누웠다. 추운데 땀이 났다. 반 친구들과 학교 밖에서 이렇게 늦게까지 어울려 논 건 이번이 처음이었다.

어느새 해가 지고 하늘이 어두워졌다. 곧 번쩍하고 가로등 에 불이 들어왔다. 가로등 불빛이 강하 얼굴에 내려앉았다. 이마에 맺힌 땀방울은 사라졌지만, 두 볼은 물감을 칠한 듯 여전히 붉었다. 다희는 술래잡기를 계속하자며 보챘다.

그때 서진이가 겉옷을 벗어 구름다리 위로 휙 던졌다. 그러 자 아이들도 따라서 겉옷을 벗어 이곳저곳에 던졌다. 강하와 친구들은 한참 동안 깔깔거리며 웃었다. 엄마 아빠가 봤으면 감기 걸린다고 한 소리 했겠지만 상관없었다. 발갛게 달아오른 두 볼에 부딪히는 바람이 시원해서 날아갈 것만 같았다.

집에 가는 길에 강하는 서진이한테 문자를 보냈다.

오늘 너무 재밌었어. 축하해! 전교 부회장 이서진!

마음을 표현하는 방법

ⓦ 내가 서진이라면, 친구들에게 50,000원을 어떻게 쓰고 싶나요?

ⓦ 마음을 표현하는 데 돈이 필요할까요? 그렇게 생각하는 까닭도
써 보세요.

그렇다 (   )   아니다 (   )

ⓦ 고마운 마음을 표현하는 방법에는 어떤 것이 있을까요?

고마운 마음을 표현하는 방법

돈이 필요한 경우	<ul><li></li><li></li><li></li></ul>

돈이 필요 없는 경우	<ul><li></li><li></li><li></li></ul>

신기한 팔찌

 며칠 전 아빠는 중고 시장에 올라온 워터파크 4인 입장권을 반값에 구했다.

 "애들아, 준비 다 했어? 수모랑 물안경도 챙겼지? 따뜻한 수영장에서 물놀이 실컷 하고 오는 거야. 어때, 신나지?"

 두 손 가득 짐을 든 아빠가 들뜬 표정으로 말했다.

 강하와 준휘는 가는 내내 차 안에서 콧노래를 흥얼거렸다. 워터파크에 도착한 뒤, 엄마는 하얀색 목욕 바구니를 들고 여자 탈의실로 사라졌다. 아빠와 강하, 준휘는 4층 남자 탈의실로 가는 엘리베이터를 탔다.

"준휘, 너 팔찌 절대로 빼면 안 돼, 이거 없으면, 사물함 못 열어. 그럼 너 수영복 입고 집으로 가야 할 수도 있어. 아마 밖에 나가자마자 꽁꽁 얼어 버릴걸?"

아빠가 재미없는 농담을 진지하게 하는 동안, 준휘는 거울에 쓰인 글자를 또박또박 읽었다.

'키 분실 시 20,000원을 물어 주셔야 합니다.'

'팔찌를 잃어버려도 열 수는 있는가 보네. 그래도 20,000원이면 두 달치 용돈보다 많은데……. 잃어버리지 않게 조심해야겠다.'

준휘는 강하와 물장구를 칠 때도 미끄럼틀을 탈 때도 틈틈이 팔찌를 확인했다. 손목에서 팔찌가 뱅그르르 돌아갈 때마다 잊지 않고 팔꿈치까지 밀어 올렸다.

'꼬르륵' 강하 배에서 배꼽시계가 울렸다. 둘은 약속이라도 한 듯 엄마를 찾았다. 엄마는 물거품이 올라오는 열탕에 몸을 담그고 있었다. 준휘는 한 손으로 배를 만지며 말했다.

"엄마, 점심 언제 먹어요? 저 배고파요. 형아도 배고프대요."

"그럼 바로 점심 먹으러 갈까? 치킨이랑 돈가스, 그리고 짜장면도 파는 것 같던데, 뭐 먹을래?"

"형아, 뭐 먹을 거야?"

"너는? 난 치킨 먹고 싶은데."

"어, 나도 치킨. 우리 치킨 먹자, 형아."

간만에 둘이 마음이 통했다. 강하와 준휘는 치킨을, 엄마와 아빠는 짜장면을 주문했다. 아빠가 계산대에서 팔찌를 갖다 대니 '띠릭' 소리와 함께 '결제되었습니다' 하고 메시지가 나왔다. 준휘는 두 눈이 동그래졌다. 돈이 없어도 여기선 팔찌 하나만 있으면 무엇이든 할 수 있었다. 두더지 게임도, 안마기도, 사탕 뽑기도.

"엄마, 어떻게 팔찌로 계산할 수 있어요? 팔찌 안에 돈이 들어가 있는 거예요?"

"준휘, 넌 그런 것도 몰라?"

강하가 으스대며 말했다.

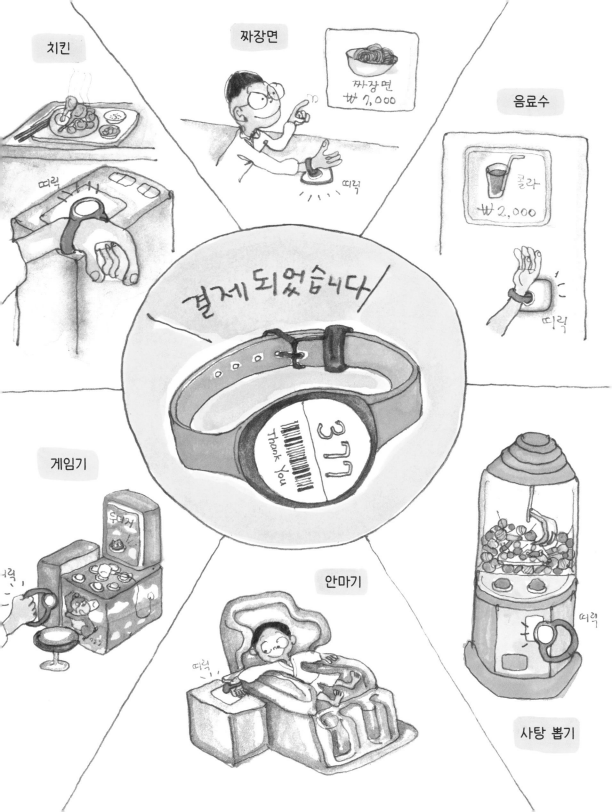

"모를 수도 있지. 준휘야 그건, 팔찌에 결제 정보를 저장해 두었다가 나갈 때 한꺼번에 계산하는 거야. 미리 돈을 빌려서 결제하고, 나중에 돈을 내는 신용카드와 같은 거지."

"아!"

준휘의 손바닥과 이마가 만나는 순간, 모두가 기다리던 목소리가 들렸다.

"주문번호 128번 손님, 주문하신 음식 나왔습니다."

갓 튀긴 치킨에서 김이 모락모락 났다. 준휘는 치킨과 짜장면 위로 젓가락을 바쁘게 움직였다. 강하가 단무지를 가지러 간 사이, 준휘가 엄마 눈치를 보다 슬쩍 입을 뗐다.

"엄마, 치킨 다 먹고 두더지 게임 한 번만 해도 돼요?"

"동생님, 두더지 게임처럼 한순간의 재미를 위해 돈을 써 버리면 되겠니? 사탕 뽑기면 몰라도."

테이블 위에 단무지를 내려놓으며 강하는 준휘와 신호를 주고받았다. 둘은 솜사탕을 기다릴 때처럼 간절한 눈빛으로 엄마를 바라봤다.

"그래, 오랜만에 아빠랑 사탕 뽑기 딱 한 번만 해 보자."

엄마는 아빠를 흘깃 보고는 마지못해 고개를 끄덕였다.

강하와 준휘는 빛의 속도로 치킨과 짜장면을 입에 집어넣고, 사탕 뽑기 기계 앞으로 달려갔다. 뒤따라온 아빠가 팔찌를 갖다 대니, 익숙한 멜로디가 흘러나왔다. 강하가 손가락으로 누름단추를 꾹 누르자, 주걱같이 생긴 손이 흔들거리더

니 사탕을 쓸어 담았다. 누름단추를 한 번 더 누르자 사탕이 우르르 쏟아지면서 수북이 쌓인 사탕을 밀어냈다.

구멍 아래에 떨어질 듯 말 듯 매달린 사탕을 보며 준휘는 '조금만 더, 조금만 더'를 외쳤다. 몇 초 뒤, 강하와 준휘 입에서 '아' 하는 탄성과 한숨이 번갈아 나왔다. 딱 한 번만 하기로 한 뽑기는 네 번을 더 하고 나서야 멈출 수 있었다.

파도 풀장에서 물을 먹으며 실컷 파도를 타고, 뽀글뽀글 온탕에서 지칠 때까지 잠수 시합을 하고, 미끄럼틀도 지겨울 만큼 탔을 무렵, 엄마가 집으로 가자고 했다. 샤워를 끝내고 옷을 갈아입은 뒤, 강하와 준휘, 그리고 아빠는 탈의실 앞 의자에 앉아 엄마를 기다렸다. 바나나 우유를 든 준휘 손이 쭈글쭈글했다.

"여보, 나왔어? 카드 당신한테 있지?"

뒤늦게 나온 엄마가 팔찌 네 개를 모아 카운터에 반납했다.

"추가로 결제하실 금액은 64,800원입니다."

직원의 친절한 안내에 엄마가 아빠를 매섭게 째려봤다.

　사실 아빠는 나오기 전에 출출하다며 남자 탈의실에서 혼자 식혜와 구운 달걀을 사 먹었다. 게다가 2,000원을 넣고 안마기까지 이용했다.

　'아빠도 팔찌만 대면 되니까, 고민하지 않고 돈을 쓴 걸까? 바나나 우유도, 식혜도, 우리 동네 마트보다 비쌌는데⋯⋯.'

　강하는 카드 대신 현금을 써야 한다는 엄마 말을 오늘에서야 이해했다.

　'보이지 않는 돈일수록 쉽게 쓴다는 게 맞는 말이었어.'

현대사회는 신용사회

신용이란, 물건이나 서비스를 이용하거나 돈을 빌려 쓴 뒤 갚을 수 있는 능력을 말해요. 쉽게 말해 얼마나 약속을 지킬 수 있는가에 대한 '믿음'이지요. 현대사회는 신용이 높을수록 좋아요. 신용을 잃으면 필요할 때 돈을 빌릴 수도 없고, 일자리도 구하기 힘들어지거든요.

ⓦ 어린이들이 신용을 쌓는 방법에는 어떤 것들이 있을까요?

- 작은 약속이라도 지키려고 노력한다.

- 친구에게 돈을 빌려 달라고 하지 않는다. 혹시나 빌렸다면, 미루지 말고 빨리 돈을 갚는다.

벌써 다 봤어?
천천히 돌려줘도
되는데.

이거 저번에 빌린 책!
잘 읽었어. 고마워~

ⓦ 지갑에서 현금을 꺼내 썼을 때의 마음과 현금카드나 모바일 쿠폰으로 결제했을 때의 마음을 살펴보아요.

- 카드를 썼을 때, 잔돈을 받지 않으니 돈을 쓴다는 느낌이 들지 않았다.
- 도서상품권이나 교환권으로 결제할 때 충동구매를 한 적이 있다.

충동구매는 안 돼! 강하야~

가끔은 충동구매도 해야지.

신용카드란?

신용카드는 쓰는 사람의 신용을 바탕으로 현금 없이 물건이나 서비스를 사고 정해진 날에 결제한 돈을 갚아요. 그래서 쓰기 전에 돈을 갚을 능력이 되는지 꼭 생각해야 해요.

신용카드를 쓰면 좋은 점

당장 현금이 없어도 필요한 물건을 살 수 있어요.

거스름돈이 생기지 않아 편리해요.

비싼 물건을 살 때 할부로 사면 여러 번에 나누어 갚을 수 있어요.

신용카드를 쓰면 나쁜 점

생각 없이 돈을 마구 쓰게 될 수 있어요.

약속한 날짜에 돈을 내지 못하면 연체 이자를 내야 해요.

카드 혜택을 받으려고 쓸데없는 소비를 할 수도 있어요.

체크카드란?

  어린이들은 주로 신용카드 대신 체크카드를 써요. 신용카드는 돈을 갚을 능력이 있는 어른들만 만들 수 있기 때문이에요. 신용카드와 달리 체크카드는 은행 계좌만 있으면 누구나 만들 수 있어요. 체크카드를 쓰면 계좌에 있는 돈만큼만 쓸 수 있어 과소비를 막을 수 있어요. 또한 신용을 담보로 돈을 빌리는 대출 기능과 여러 번에 나누어 값을 내는 할부 기능이 없는 점도 신용카드와 다른 점이에요. 체크카드를 쓰면 돈을 가지고 다니는 불편함은 덜면서도 신용카드처럼 무턱대고 쓰지 않을 수 있어 좋아요.

간편 결제 서비스란?

　○○페이라는 말 들어봤지요? 계좌나 신용카드 정보를 스마트폰 앱에 등록해 두고, 지문이나 얼굴 인식, 비밀번호를 입력해 결제하는 방식이에요. 이처럼 현금을 대신할 편리한 결제 수단이 나날이 발전하고 있답니다.

지갑 없는 사회, 현금 없는 매장

현금을 쓰는 사람들이 줄어들자 요즘은 현금 없는 매장으로 운영하는 가게들이 많아졌어요. 손님들이 카드나 간편 결제 서비스를 이용하면 가게 주인은 판매 금액을 확인하기 쉽고, 거스름돈을 거슬러 줘야하는 번거로움도 없기 때문이에요.

하지만 간편 결제 서비스가 익숙하지 않거나, 어린이를 비롯하여 카드를 쓰지 않는 사람들은 현금 없는 가게를 이용하기가 힘들어요. 더군다나 현금 없는 가게들은 주로 키오스크로 주문과 결제가 동시에 이루어지는 경우가 많아서 쓰기 어려워하는 손님들도 있답니다. 편리함도 좋지만 여러 소비자들을 위한 배려도 필요해요.

실수로 사라져 버린 돈

'어? 내 휴대전화.'

강하가 울상이 된 얼굴로 바지 주머니를 뒤적거렸다. 아무리 뒤져 봐도 휴대전화가 보이지 않았다. 아빠는 직원에게 부탁해서 탈의실 안으로 다시 들어갔다. 한참 뒤 나온 아빠가 힘없이 의자에 앉아 있는 강하에게 말했다.

"강하야, 탈의실에는 없던데, 다시 잘 찾아봐."

엄마가 수영복이 든 비닐 가방 안을 다시 한 번 꼼꼼하게 살폈다. 꼭 짜지 않고 마구 담은 수영복에서 물기가 흘러내

려 비닐 가방 안에는 물이 흥건했다.

　"엇? 여기 있었네! 으이구, 못 살아. 여기에 같이 넣으면 어떡해!"

　엄마가 미간을 찌푸리며 수영복 아래에 깔린 휴대전화를 꺼냈다.

　"물이 들어간 것 같은데, 내일까지 말려 보고 안 되면 수리점에 맡겨야겠다."

　강하가 어깨를 툭 떨어뜨렸다. 엄마 아빠가 쓰던 낡은 공기

계만 쓰다, 처음으로 산 휴대전화였다. 액정에 강화 유리 필름을 붙이고, 케이스도 단단한 것으로 바꿔 끼워 가며 애지중지 다뤘는데, 그만 일이 벌어지고 만 거다.

'축축한 수영복 사이에 휴대전화를 넣다니⋯⋯. 아, 도대체 내가 왜 그랬지.'

집에 돌아온 강하는 드라이기로 휴대전화를 말려 보았다. 인터넷에 '휴대폰 침수'를 검색해서 이런저런 방법을 써 보았지만 전원은 켜지지 않았다.

다음 날 강하는 엄마와 함께 수리점에 갔다.

"충전기를 연결하는 구멍에 물이 꽤 들어간 것 같습니다. 안을 뜯어 봐야겠지만 메인보드랑 액정, 배터리까지 교체해야 할 수도 있어요. 잠시만 앉아서 기다려 주세요."

강하와 엄마는 대기실 의자에 앉아 기다렸다. 벽에 걸린 모니터에서 휴대전화 광고가 연이어 나왔다. 반으로 접히는 데다 백 배 줌이 되는 것도 모자라 인공지능 서비스 기능까지 되는 모델이었다.

"강하야, 만약에 수리가 안 되면 예전에 쓰던 휴대전화를 다시 써야 해. 새로 사는 건 무리야. 2년 이상 쓴다는 조건으로 산 거라……."

강하는 낡은 기계를 다시 쓰긴 싫었다. 발을 동동 구르며 마른 입술을 지그시 깨물고 있는데 직원이 엄마를 불렀다.

"고객님, 휴대전화를 열어 보니 메인보드가 침수돼서 갈아야 할 거 같네요. 액정이나 다른 건 그대로 써도 될 거 같아요. 대신 저장된 사진이나 동영상 같은 자료는 복구가 어려울 거 같고요. 메인보드만 교체하시면 수리비 포함해서 109,000원입니다. 수리하시겠어요?"

엄마는 생각보다 비싼 수리 비용을 듣고 흠칫 놀란 표정을 지었다. 하지만 새로 사는 것보다는 싼값인 데다, 산 지 얼마 안 된 휴대전화라 수리를 하지 않을 수도 없었다.

엄마는 강하에게 엄청나게 서늘한 눈빛을 발사하고는 수리점 직원에게 말했다.

"네, 수리해 주세요."

"그럼 의자에서 잠시 기다려 주세요."

엄마와 강하는 의자에 앉아 아무 말도 하지 않고 휴대전화가 수리되기를 기다렸다.

"수리 끝났습니다. 메인보드 교체해서 전원 잘 들어오고요. 수리 비용 109,000원, 카드로 결제하시겠어요?"

엄마는 쓰디쓴 표정으로 카드를 꺼냈다.

"일시불*로 해 주세요."

강하는 엄마 눈치를 살피다 조심스럽게 입을 뗐다.

"엄마, 휴대전화 수리비가 원래 이렇게 비싸요?"

"그러게, 이번 달 생활비*가 모자랄 수도 있겠어. 너랑 준휘 치과 치료비도 꽤 들었는데……. 그래서 말인데 강하야, 휴대 전화를 제대로 관리하지 않은 네 책임도 있으니, 수리비 절반은 네가 좀 내줬으면 좋겠는데."

'어쩐지 엄마가 화를 내지 않는다 했더니, 수리 비용을 내라고 할 줄이야……. 어떡하지? 50,000원은 너무 큰데.'

* 일시불 : 돈을 여러 번으로 나누어 내는 할부와 달리 한 번에 돈을 다 내는 것.
* 생활비 : 식비, 교통비, 관리비, 의료비, 교육비처럼 가정에서 생활하는 데 드는 비용.

한참을 고민하던 강하는 어쩔 수 없이 고개를 끄덕였다. 집으로 돌아온 강하는 서랍에서 통장을 꺼냈다. 통장에는 명절, 어린이날, 생일 같은 특별한 날에 받은 용돈을 모아 둔 돈 2,000,000원이 들어 있었다. 강하는 통장에 적힌 숫자를 몇 번이나 다시 읽었다.

'일, 십, 백, 천, 만, 십만, 백…… 언제 이만큼 모였지? 용돈 계약서에 적힌 대로 모았을 뿐인데.'

용돈 계약서

…

• 부모님 외 사람들에게 받은 용돈의 절반은 미래를 위해 저축하겠습니다.

…

강하는 아빠에게 통장을 내밀었다.

"아빠, 통장에 있는 50,000원 찾아다 주실 수 있어요? 휴대전화 수리 비용 반은 제가 내기로 해서요."

"아, 그랬구나. 알았어. 내일 출근할 때 통장 챙겨서 가야겠네. 그나저나 요즘 금값*이 많이 오르던데, 강하 네 돌 반지 한번 팔아 볼까?"

"금반지요? 할머니가 그건 팔지 말라고 하셨는데."

"아니, 다 팔자는 게 아니라 한두 개 정도만. 지금 통장에 있는 돈 조금이랑 돌 반지 판 돈 합쳐서 정기예금에 가입해 두면 좋을 것 같아. 그러면 지금보다 이자를 더 많이 받을 수 있거든."

"정말요? 그럼 몽땅 팔아 예금해 버릴래요."

"한꺼번에 돈을 묶어 두는 건 좋은 방법이 아니야. 비상시 써야 할 돈과 더 좋은 투자처에 투자할 돈은 구분해 남겨 두는 게 현명한 방법이야."

"아, 제가 봉투에 따로 용돈을 모으는 것처럼요?"

* 금값 : 대표 안전자산으로 한 돈(3.75g)을 기준으로 파는 '금'의 가격.

"그래 맞아. 오, 우리 강하 아는 게 많아졌네."

강하는 배시시 웃으며 머리를 긁적였다. 강하는 엄마에게 낼 50,000원이 하나도 아깝지 않았다. 아빠 말대로 돈을 나눠서 관리하면 워런 버핏* 할아버지처럼 될 것만 같았기 때문이다.

'언젠가 미국에 가서 워런 버핏 할아버지를 진짜로 만나 보는 거야. 그때까지 살아 계셔야 하는데.'

강하는 워런 버핏 할아버지와 함께 햄버거를 먹는 장면을 머릿속에 떠올려 보았다.

* 워런 버핏 : 1930년 미국 오마하 출생으로, 세계적인 기업 버크셔 해서웨이 최고 경영자 겸 회장이자, 투자가, 자선사업가.

금융기관

돈의 흐름을 어려운 말로 '금융'이라고 해요. 쉽게 말해 돈을 막힘없이 돌도록 한다는 뜻이에요. 금융기관은 돈이 필요한 사람에게 잘 흐르도록 도와주는 곳이에요. 은행을 비롯해 증권 회사*, 보험 회사*, 저축은행, 신용협동기구*, 신용카드 회사도 금융기관이에요.

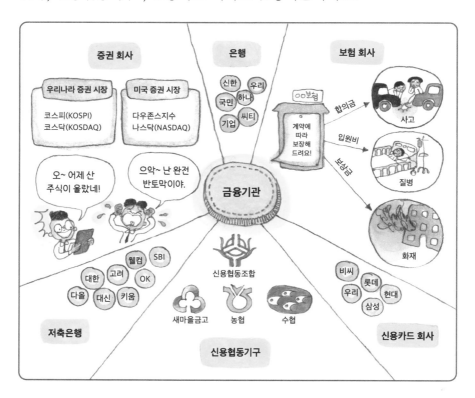

* 증권 회사는 회사에서 발행한 주식을 사람들이 사고팔 수 있도록 해 주는 곳이에요.
* 보험 회사는 예측 불가능한 질병과 사고, 재해를 대비하기 위해 일정 돈을 모아 두었다가, 가입자가 사고를 당하면 보상금을 지급해요. 자동차, 질병, 상해, 화재 보험 등 종류가 많아요.
* 신용협동기구는 협동 기구에 가입한 회원을 대상으로 하는 금융기관이에요. 예금과 대출처럼 은행과 비슷한 일을 맡고 있어요.

은행에서 하는 일

은행은 돈을 맡아 주거나 빌려주는 일을 해요. 여러 가지 공과금이나 세금도 은행에서 낼 수 있어요. 다른 나라 돈을 우리나라 돈으로 바꾸어 주는 일, 현금카드를 만드는 일, 귀금속이나 중요한 서류 등을 보관해 주는 일도 한답니다.

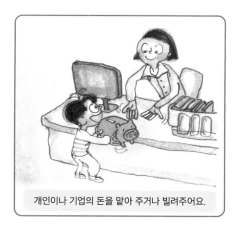
개인이나 기업의 돈을 맡아 주거나 빌려주어요.

공과금과 세금도 낼 수 있어요.

귀금속이나 중요한 서류도 보관해 주어요.

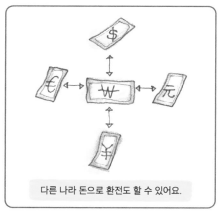
다른 나라 돈으로 환전도 할 수 있어요.

은행에 돈을 맡기면?

은행에 돈을 저축하는 방법은 크게 '예금'과 '적금'이 있어요. 돈을 한 꺼번에 저축하고 약속한 기간이 지나 돌려받는 걸 '예금', 약속한 기간 동안 달마다 똑같은 돈을 저축하는 걸 '적금'이라고 해요. 예금이나 적 금을 하면 이자를 받을 수 있어요. 이자는 돈을 맡겨 놓은 대가로 받는 돈이에요.

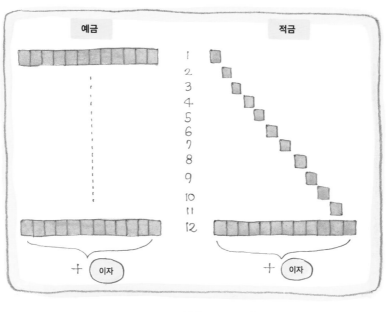

ⓦ 내 이름이 적힌 통장을 봤을 때 어떤 느낌이 들었나요?

● 뿌듯하다, 기쁘다, 자랑스럽다, 신기하다.

ⓦ 여러분이 가지고 있는 통장을 소개해 보세요.

<hr>의 통장

● 예금주:

● 예금종류 : 보통예금/정기예금/정기적금

● 계좌번호 :

● 계약 기간 :

● 이율(이자) :

● 가입하신 날 :

● 가입하신 지점 :   은행   지점

차곡차곡
모은 결과야!

내 이름의
통장이 있다는 건
정말 멋진 일이야!

59

소원 봉투와 만화책

'찾으신 금액 50,000원'

강하는 아빠가 내민 통장을 펼쳤다. 찾으신 금액 아래에
숫자 '5'와 '0' 네 개가 나란히 찍혀 있었다.

찾으신 금액	맡기신 금액	남은 돈
50,000원		500,000원

강하는 약속한 휴대전화 수리비 절반을 엄마에게 건넸다.
엄마는 얼굴에 웃음을 머금고 50,000원을 받아들었다.

"고마워, 잘 쓸게."

엄마가 돈을 흔들며 말했다. 강하는 물끄러미 통장에 찍힌
숫자를 다시 들여다봤다.

찾으신 금액	맡기신 금액	남은 돈
	600,000원	**2,550,000원**
2,000,000원		**550,000원**
50,000원		**500,000원**

‘아, 맞아! 정기예금에 가입했지.’

강하는 아빠 말 대로 돌반지 판 돈 600,000원을 통장에 입금했다. 그리고 그중 2,000,000원을 찾아 3.5퍼센트 이자를 받을 수 있는 예금에 따로 넣었다. 아빠는 1년 뒤 돈을 찾을 수 있고, 이자로 60,000원 정도 받을 수 있다고 했다.

‘더 많이 예금하면, 이자도 더 많이 받을 수 있는데.’

강하는 그동안 띠부띠부씰을 모으며 쓴 돈을 생각하니 속이 쓰렸다. 서진이 생일 선물을 살 돈과 스케이트장에서 쓸 돈까지 모으려면 용돈이 턱없이 모자랐다. 그렇다고 통장에 있는 돈을 꺼내기는 싫었다.

‘워런 버핏 할아버지와 미카엘라 울머*는 10대 때부터 돈을 벌었는데, 난 어떻게 돈을 벌 수 있을까?’

책상 앞에 앉아 있던 강하는 갑자기 번뜩 한 가지 생각이 떠올랐다.

‘그래, 안 보는 책을 팔아 보는 거야.’

---

* 미카엘라 울머 : 열한 살 때 벌꿀을 넣은 레모네이드(Bee Sweet Lomonade)를 만들어 미국 최대 수퍼마켓 체인 55곳과 계약을 맺은 어린이 사업가. 사업 수익 일부를 꿀벌을 보존하는 데 기부했다.

강하는 서둘러 책장을 살펴봤다. 책장에는 한두 번 읽고 꽂아 둔 학습만화로 가득했다. 강하는 팔고 싶은 책을 하나씩 꺼내 쌓고 몇 권인지 세어 보았다.

'생각보다 많네? 열두 권이야. 한 권에 1,000원씩만 받아도 12,000원이야.'

강하는 쪼르르 엄마에게 달려갔다.

"엄마, 이번 주말에 중고 서점 가는 거 어때요? 안 보는 책 좀 정리하고 싶어서요."

"안 그래도 가려던 참인데, 강하랑 같이 가면 되겠네."

"강하야, 이리 와 볼래? 어린이 신문에 원고를 보내서 기사로 채택되면 원고료를 받을 수 있다는데?"

신문을 보던 아빠가 강하한테 말했다. 아빠 말이 떨어지자마자 강하는 바짝 고개를 밀어 넣었다. 응모 방법은 간단했다. 아빠 말대로 기사를 써서 신문사 메일로 보내면 끝이었다. 강하는 눈동자를 이리저리 굴렸다.

'박강하 기자라…, 생각보다 잘 어울리네. 이럴 줄 알았으면 신문을 미루지 않고 읽어 보는 건데. 그나저나 어떤 기사를 써야 할까? 책도 팔고 원고료도 받으면 돈을 꽤 벌 수도 있겠어. 야호!'

강하가 어떤 기사를 쓸지 고민을 하는 사이 며칠이 지났다. 토요일 아침, 강하는 밥을 먹자마자 중고 서점에 팔 책을 골

라 현관 앞에 쌓아 두었다. 그때 밖에 나갔다 온 준휘가 무슨 일인지 씩씩거렸다.

"형아, 나한테도 허락받아야지. 같이 보는 책이잖아. 나 이 책 읽을 거란 말이야, 팔지 마!"

"너 그 책 안 읽잖아. 거들떠보지도 않았으면서."

"그래. 준휘야, 이제 그 책은 볼 만큼 봤잖아. 나중에 또 사고 싶은 책 사려면 좀 비우자. 책장이 비좁아서 안 되겠어."

엄마 말 한마디에 삐쭉거리던 준휘 입이 쑥 들어갔다.

오랜만에 간 중고 서점은 여전히 사람들로 북적였다. 강하는 '책 삽니다'라고 적힌 곳에 가지고 온 책을 가지런히 올려놓았다. 책 표지를 손으로 닦으며 서 있으니, 흰 장갑을 낀 직원이 와서 꼼꼼하게 책을 살폈다.

"가지고 오신 책 상태는 상이 7권, 최상이 5권이네요. 가격 책정해 드릴까요?"

강하가 고개를 끄덕이니 '삑' 소리와 함께 화면에 숫자가

떴다. 어떤 책은 2,800원 또 어떤 책은 1,500원으로 책값이 저마다 달랐다.

"엄마, 책마다 왜 값이 달라요?"

"보통 책 상태에 따라 정해지는데 재고* 수량에 따라서도 다르게 결정되거든. 특히 사람들이 많이 찾는 책은 가격을 더 쳐줘."

"살 때 같은 값이어서 팔 때도 같을 줄 알았는데, 같은 시리즈여도 인기 있는 책이면 더 비싸게 팔리는 거네요."

엄마는 강하 머리를 쓰다듬으며 고개를 끄덕였다. 곧 계산을 마친 직원이 말했다.

"총 열두 권, 28,900원이네요. 현금으로 받으시겠어요, 포인트로 넣어 드릴까요?"

"현금으로 주세요."

강하는 재빠르게 대답했다. 그리고 직원이 내민 돈을 지갑에 가지런히 챙겨 넣었다. 집으로 돌아온 강하는 서둘러 방

---

* 재고 : 이전에 만들어 놓은 걸 아직 상점에 내놓지 않거나, 팔다가 남아서 창고에 쌓아 놓은 물건.

으로 들어갔다. 서랍 속 금빛 봉투 세 개를 꺼내 차례로 돈을 나눠 넣었다.

서진이 선물	스케이트장	해리포터 지팡이
10,000원	10,000원	8,900원

강하는 금빛 봉투를 앞으로 '소원 봉투'라 부르기로 했다. 서랍 깊숙이 소원 봉투를 집어넣는데 어린이 신문에 쓸 기사 제목이 떠올랐다.

'야무지게 용돈 모으는 법'

경제활동이란?

사람들에게 필요한 것을 생산하고 소비하는 것과 관련된 모든 활동을 말해요. 물건을 사고파는 것이 바로 경제활동의 기본이에요.

경제력이란?

돈을 벌고, 쓰고, 모으고, 불리는 능력을 말해요. 이상하게도 돈은 없어도 쓰고 싶고, 많이 벌면 벌수록 또 더 많이 쓰고 싶어요. 돈을 많이 번다고 해서 모두 부자가 되는 건 아니에요. 열심히 벌고, 필요한 곳에 아껴 쓰고, 차곡차곡 모아서 잘 불리는 능력이 뒷받침되어야 '경제력'을 갖출 수 있어요.

여러분~
쓰고 남은 돈을 저축하지 말고
저축하고 남은 돈을 써야 해요.
명심하세요!

물건값은 어떻게 정해질까?

물건값은 물건의 가치를 매겨 놓은 숫자예요. 흔히 가치가 높은 물건은 비싸고, 낮은 경우는 값이 싼 편이지요. 그런데 가치가 높은 물건이라 해도 너무 비싸게 팔면 사려는 사람이 없을 거예요. 반대로 너무 싸게 팔아서 남는 게 없으면 회사는 더 이상 물건을 만들 수가 없어요. 그래서 알맞은 물건값을 정하는 게 중요해요.

물건값은 사고 싶어 하는 정도(수요)와 팔려는 정도(공급)에 따라 수시로 바뀌어요. 즉, 물건을 사고 싶은 사람이 늘어나면 값이 올라가고, 팔고 싶은 사람이 늘어나면 값은 내려가는 거지요. 이걸 바로 '수요와 공급의 법칙'이라 해요. 태풍, 장마와 같은 기후변화 또는 전쟁으로 인해 공급에 문제가 생기면 값이 오르고, 한정판이 불티나게 팔리는 이유도 모두 수요와 공급 법칙 때문이랍니다.

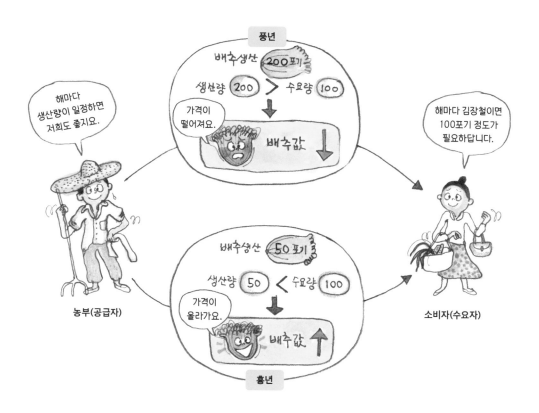

오르는 물가와 돈의 가치

'저축하는 습관을 들여라.'라는 말을 들어 본 적 있을 거예요. 돈을 모으는 것은 좋은 습관이지만, 무조건 모으기만 하면 걱정해야 할 일도 생긴답니다. 저금통에 넣어 둔 돈은 이자를 받지 못해요. 대신 은행에 맡긴 돈은 이자를 받을 수 있어요. 은행은 돈을 안전하게 보관해 주기도 하지만, 우리가 맡긴 돈을 기업이나 필요한 다른 사람에게 빌려주기도 해요. 은행에서 돈을 빌린 사람이나 기업은 집이나 공장을 사고, 연구개발에 투자해 사업을 키우기도 하지요. 세뱃돈을 받으면 '저금통에 돈 모으기 VS 은행에 돈 맡겨 두기' 중 여러분은 어떤 선택을 할 건가요?

> 저금통에 넣어 둔 10,000원은 10년 뒤에도 그대로 10,000원이야.

> 물가는 계속 오르기 때문에 10년 뒤 10,000원의 가치는 지금 10,000원의 가치와 다를걸.

물가가 오르면 돈의 가치가 점점 떨어져요.
10년 전에는 1,000원으로 붕어빵 다섯 개를 살 수 있었다면,
지금은 1,000원으로 붕어빵을 한두 개밖에 살 수 없어요.

은행에서 빌린 돈을 갚을 때는 빌린 돈에 이자를 더해 갚아야 해요. 단, 돈을 빌릴 때 내야 하는 이자는 돈을 맡겼을 때 받는 이자보다는 금액이 커요. 은행은 돈을 맡길 때 주는 이자와 빌릴 때 받는 이자의 차이로 이익을 남겨요. 남긴 이익으로 새로운 서비스를 제공하거나, 투자자들에게 배당*을 나눠 주고, 세금을 내고, 도움이 필요한 곳에 기부도 하지요. 이처럼 돈이 잘 돌게 하려면 돈을 저금통 밖으로 꺼내 사회로 흘러가도록 만들어야 해요. 그렇다고 저금통이 필요 없다는 건 아니에요. 용돈을 모으는 데는 저금통이 최고랍니다.

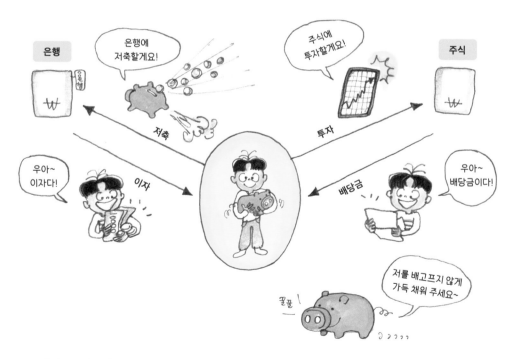

* 배당은 주식을 가지고 있는 사람들에게 가진 지분만큼 기업의 이익을 나눠 주는 것이에요.

투자와 투기

  투자와 투기는 은행에서 받는 이자보다 더 많은 이익을 얻기 위해 적극적으로 돈을 불리는 걸 말해요. 짧은 시간에 많은 이익을 얻을 수 있는 만큼, 큰 손해를 볼 위험이 있지요.

  투자는 돈과 시간, 정성을 들여 지금 가진 자산을 미래에 얻을 수 있는 수익을 위해 쓰는 거예요. 하지만 투기는 생산 활동과는 관계없이 오직 이익만 추구해요. 비싸게 팔 목적으로 거래하는 모든 매매 행위를 말하지요. 투자와 투기를 구분할 줄 알아야 내 자산을 안전하게 지킬 수 있어요.

투자

건물이나 상점을 사서 달마다 세를 받아요.

생산량을 늘리기 위해 추가로 공장을 짓고, 직원을 고용해요.

기업의 가치, 경제 상황 등을 분석해 주식을 사 모아요.

투기

자기 이익만을 위해 다른 사람을 속이거나 위험에 빠뜨리는 걸 서슴치 않아요.

곧 가격이 오를 거라는 정보만 믿고 다른 사람에게 돈을 맡겨요.

노력은 하지 않고 오로지 일확천금만을 노려요.

조식 서비스 오픈합니다

'띠링' 휴대전화 알림음이 울렸다.

> 박강하 어린이 원고가 어린이 신문 1122호에
> 실리게 되었습니다. 축하드립니다.

"엄마 아빠, 이것 좀 보세요. 제가 쓴 기사가 뽑혔어요."

강하가 들뜬 목소리로 외쳤다. 강하는 경험을 글로 써서 돈을 벌 수 있다는 사실이 마냥 신기했다.

'책 판 돈하고 원고료를 더하면 휴대전화 수리비로 쓴

50,000원을 메우고도 남는 돈이잖아? 도대체 몇 달치 용돈을 번 거야?'

한 일	번 돈
만화책 판 돈	28,900원
원고료	30,000원
합계	**58,900원**

강하는 원고료 30,000원을 소원 봉투에 넣을 생각에 가슴이 부풀었다.

"이야, 대단한걸? 역시 해낼 줄 알았어, 뭐든지 도전하고 볼 일이야, 그치?"

"아빠, 아무 일도 하지 않으면, 아무런 일도 벌어지지 않는다고요."

"오호? 너 혹시 별명이 명언 제조기? 역시 우리 아들! 아빠를 닮은 게 틀림없다니까. 하하."

엄지손가락을 치켜세우며 찡긋 웃는 아빠를 따라 강하도 함께 웃었다.

며칠 뒤, 저녁을 먹고 나서 아빠가 유난히 밝은 표정으로 강하를 불렀다.

"강하야, 통장에 원고료 들어왔길래 아빠가 돈 찾아왔어."

"벌써요? 오예, 신난다."

"통장에 어떻게 찍혀 있는지 강하가 직접 확인해 봐."

아빠가 원고료가 든 봉투와 통장을 강하한테 내밀었다. 통장을 펼치니, '맡기신 금액' 아래에 29,010원이 찍혀 있었다.

"아빠, 왜 30,000원이 아니에요?"

"아, 세금 떼고 들어와서 그럴 거야."

"세금을 뗀다고요? 고작 30,000원인데 세금을 내요?"

"돈을 벌 때도, 돈을 쓸 때도 세금을 내야 하거든. 집안 살림을 하는 데도 달마다 일정한 돈이 필요한 것처럼, 나라도 살림을 하려면 돈이 필요해. 그것도 아주 많이."

"나라도 살림을 한다고요?"

"그래, 강하가 다니는 초등학교도 나라 살림으로 운영돼. 선생님들 월급부터 너희가 먹는 점심 급식, 교과서까지 모든 비용을 나라 살림으로 해. 다리를 놓거나 도로를 짓는 일, 우리가 놀러 가는 공원, 책을 읽을 수 있는 공공 도서관도 대부분 나라에서 짓고."

"아, 들어 봤어요. 경찰서, 소방관, 국립 병원 같은 데도 세금으로 지은 거지요?"

"그렇지. 소득이 생기면 세금도 당연히 내야 하는 거야. 국민이라면 당연한 의무이기도 하지."

강하는 아빠 말을 듣고 고개를 끄덕였다. 그러고 보니 마트에서 무얼 사고 나서 받은 영수증에서 '세'로 끝나는 글자를 본 기억이 났다. 강하는 용돈을 벌며 새로운 사실을 하나둘 알아 가는 게 신기했다.

자기가 번 돈에서 세금을 뗐다니 왠지 어른이 된 기분이었다. 강하는 아빠에게 받은 원고료를 소원 봉투에 나눠 넣었다.

봉투 이름	넣은 돈	합계
서진이 선물	9,010원	19,010원
스케이트장	10,000원	20,000원
해리포터 지팡이	10,000원	18,900원

"아빠, 근데 엄마는 어디 갔어요?"

"어제부터 몸이 안 좋다고 하더니 병원 갔어. 요즘 무리한다 싶더니……. 그래서 말인데, 엄마 좀 푹 쉬게 내일 아침은 강하가 준비하면 어떨까? 강하가 만든 조식 아빠가 사 먹을게, 어때?"

"정말요? 앗싸, 조식으로 뭘 만들지 한번 찾아봐야겠어요."

강하는 아픈 엄마도 돕고, 용돈도 벌 수 있다는 생각에 가슴이 두근거렸다.

먼저, 유튜브에서 '간단한 아침 식사'를 검색했다. 어디서 본 듯한 얼굴이 연이어 영상에 등장했다. 강하는 입술을 만지작거리다 뭔가 생각난 듯 고개를 끄덕였다.

'맞아! 만화책에서 봤어.'

도서관에서 봤던 만화책 속 주인공이 바로 그 유튜버였다. 쉽게 따라 할 수 있는 요리를 재미있는 말투로 소개해 유명해진 사람이었다. 영상을 보니 생각보다 쉽게 만들 수 있는 요리가 많았다. 강하가 좋아하는 오므라이스와 떡볶이부터 밥솥으로 만드는 빵까지 종류도 다양했다. 강하는 몇 번이고 침을 꼴깍 삼켰다. 그 가운데 쉬우면서도 맛있어 보이는 '베이컨 달걀 볶음밥'으로 내일 아침 메뉴를 정했다. 강하는 냉장고 문을 열어 재료가 있는지 살펴보았다.

'달걀, 파, 베이컨, 참기름 다 있네. 휴— 다행이다.'

일요일 아침 일곱 시, 강하는 저절로 눈이 떠졌다. 벌떡 일

어나서 살금살금 주방으로 나왔다. 식구들이 모두 자는 시

간에 일어나 아침 식사를 준비하려니 공기마저 낯설었다. 냉장고에서 파와 베이컨, 달걀을 꺼낸 뒤, 가스 불을 켜고 프라이팬에 기름을 둘렀다. 영상에서 본대로 달궈진 기름에 파로 기름을 낸 뒤 베이컨을 싹둑싹둑 가위로 잘라 넣었다. 주걱으로 뒤적거리며 볶다가 달걀 세 개를 터뜨려 넣고 밥솥에 있는 찬밥을 네 주걱 떠 넣었다. 가스 불을 줄인 다음 소금과 후추를 찰찰 뿌리고, 골고루 섞었더니 꽤 근사한 냄새가 났다.

"강하, 너 뭐 해? 설마 아침밥 준비하는 거야?"

가장 먼저 깬 엄마가 한쪽 눈을 비비며 잠긴 목소리로 말했다.

"히힛, 어쩌다 보니."

강하는 한 손으로 머리를 긁적이며 멋쩍게 웃었다.

"여보, 오늘 조식은 강하 주방장이 준비한답니다. 주방장님, 얼마나 더 기다리면 됩니까? 1인분에 얼마예요?"

뒤이어 따라 나온 아빠가 기습 질문을 했다. 강하는 '어⋯

음… 그게…….' 하고는 말을 얼버무렸다. 사실 엄마를 위한 마음보다 요리 영상을 따라 해 보고 싶은 마음이 컸는데, 돈까지 받으려니 뭔가 찝찝했다.

"아, 괜찮습니다. 오늘은 무료로 드세요."

강하 말이 끝나자마자, 아빠는 준휘를 흔들어 깨웠다. 엄마는 기운이 났는지 가장 먼저 숟가락을 들고 식탁 앞에 앉았다. 그리고 한 숟갈 크게 떠서 입안 가득 넣었다. 엄마는 '음— 음—' 소리와 함께 엄지손가락 치켜 들었다.

"준휘야, 지금 안 일어나면 형아가 만든 베이컨 달걀 볶음밥 엄마가 다 먹는다. 이거 진짜 맛있는데."

강하의 입꼬리가 중력을 무시한 채 하늘로 올라갔다.

세금에도 종류가 있다고?

세금에는 종류가 많아요. 부모님이 일해서 번 소득의 일부를 '소득세'로, 회사가 이익을 남기면 그 일부를 '법인세'로 내지요. 또 집이나 땅 같은 재산을 가지고 있는 사람들은 '재산세'를 내고, 물건을 살 때도 가격 속에 포함된 '부가가치세(부가세)'를 낸답니다.

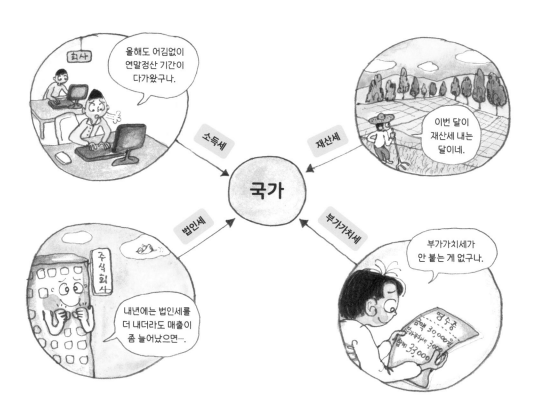

어린이도 세금을 낼까?

흔히 어린이는 세금을 내지 않는다고 생각하지만 어린이들도 물건이나 서비스를 살 때마다 물건값의 10퍼센트씩 세금을 내요. 문구점에서 1,100원에 사는 색연필은 원래 가격이 1,000원이에요. 가게에서는 여기에 부가가치세 10퍼센트를 붙여 1,100원에 파는 것이지요.

그렇다면 모든 물건과 서비스에 부가가치세가 붙을까요? 아니에요. 책이나 신문, 잡지 같은 인쇄물과 전자책, 버스나 지하철 같은 대중교통 요금, 또는 가공하지 않은 식품에는 부가가치세가 붙지 않아요. 쌀, 과일 같은 농산물과 바다에서 잡은 생선 같은 수산물, 소고기, 돼지고기 같은 축산물이 여기에 속하지요. 그래서 가공하지 않은 흰 우유는 원래 우유값인 1,200원이지만, 딸기 우유는 가공 식품이어서 부가가치세 10퍼센트가 붙어 1,320원이에요.

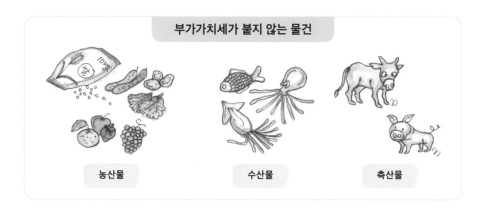

부가가치세가 붙지 않는 물건

농산물　　　　　　수산물　　　　　　축산물

경험과 정보도 돈이 되는 세상

　인터넷에는 많은 정보가 있어요. 물건을 써 본 후기를 공유하고, 맛집을 소개하고, 요리 방법을 알려 주거나, 궁금한 실험을 대신해 정보를 나누곤 하지요. 이처럼 자기 경험과 정보를 이용해 돈을 버는 사람들이 있어요. 글과 강연, 교육으로 수입을 올리는 작가, 강사, 유튜버 등이 여기에 포함돼요. 자기만의 반짝이는 콘텐츠가 경쟁력이 되는 시대랍니다. 여러분이 가지고 있는 반짝이는 별은 무엇인가요?

'매진'입니다

아침을 한 번 차려 본 뒤로, 강하는 요리에 푹 빠졌다. 백종원 아저씨 유튜브를 섭렵하더니, 준휘에게 요리 사진을 보여 주며,

"이거 맛있게 보이지? 만드는 법도 생각보다 안 어려워."

하며 으스댔다. 인터넷에 검색해서 특이한 양념을 찾기도 하고, 엄마가 장보러 갈 때마다 따라다니며 이런저런 참견도 했다.

아빠나 엄마가 바쁜 일이 있는 주말마다 강하는 아침을 차

렸다. 사실 강하는 용돈을 받는 것보다 음식 솜씨로 칭찬받는 게 더 기뻤다. 강하는 식구들이 자기가 만든 음식을 싹싹 긁어 먹는 모습을 흐뭇하게 바라봤다. 준휘는 식당 사장님 마음을 알겠다며 우쭐대는 형을 볼 때마다 약이 올랐다.

"엄마, 나도 형아처럼 요리해 볼래요."

"준휘는 아직 어려서 위험해. 가스 불 켜고 끄는 것도 안 해 봤잖아."

"배우면 할 수 있어요. 나도 용돈 벌고 싶은데."

"요리는 아직 위험하니까, 음……, 다른 일을 한번 찾아보자. 뭐가 있을까?"

엄마는 무엇이 생각날 듯 말 듯 한 얼굴로 휴대전화를 들여다보더니 준휘를 불렀다.

"준휘야, 그럼 엄마랑 주말에 동네 벼룩시장에 한번 나가 볼래?"

"우아, 정말요? 일곱 살 땐가 그때 거기서 보드게임도 사고 미니카도 샀었잖아요."

엄마는 마지막 주 토요일마다 주민센터 앞 광장에서 벼룩
시장이 열린다고 했다. 여태까지 준휘는 벼룩시장에서 무얼
사기만 했지, 팔아 본 적은 없었다.

"엄마가 신청해 놓을 테니까 준휘 물건 중에 팔 만한 것들
찾아봐. 너무 낡거나 고장 난 건 안 돼. 쓸 만하지만 준휘한
테 필요 없는 것들로 골라야 해."

준휘는 형처럼 돈을 벌 수 있다고 생각하니 갑자기 기분이

좋아졌다. 장난감 상자를 우르르 바닥에 쏟았다. 모양과 색깔이 각기 다른 탱탱볼과 큐브, 피규어가 쏟아졌다.

'안 가지고 논 장난감이 이렇게나 많았나?'

엄마는 상자 하나를 건네며 팔고 싶은 물건을 담아 두라고 했다. 준휘는 상자 안에 장난감을 넣었다 뺐다 하며, 벼룩시장에서 팔 물건을 골랐다. 준휘는 상자가 점점 채워질 때마다 부자가 된 기분이었다. 파란색 변신카를 마지막으로 골라 넣고 나니 다음 주 토요일이 멀게만 느껴졌다.

드디어 토요일 아침, 준휘가 기다리고 기다리던 날이 밝았다. 강하와 준휘는 아침부터 실랑이를 벌였다.

"형아, 이거 내가 팔려고 꺼내 둔 거야."

"넌 왜 형아 물건을 허락도 없이 판다고 해?"

"이거 옛날에 형아가 나한테 준 거잖아."

"아니거든, 난 그런 기억 안 나거든."

"강하랑 준휘, 아침부터 뭐 하는 거야?"

엄마 목소리가 들리자마자 강하와 준휘는 입이 쑥 들어갔다. 강하는 준휘에게 자기 몫까지 팔아 오라는 말을 남기고 방으로 들어갔다.

준휘는 어깨에 돗자리를 메고, 엄마는 짐이 가득 실린 수레를 끌었다. 멀리서 '노란 광장 나눔 장터' 현수막이 보였다. 벌써 사람들이 꽤 많이 모여 있다.

"자리 번호표 받으시고요. 여기 적힌 번호에 가서 돗자리 깔고 상품 진열해 놓으시면 돼요."

엄마와 준휘는 번호표를 확인하고 '7'번 자리를 찾았다. 준휘는 수레에서 피규어, 팽이, 미니카, 큐브, 보드게임을 꺼내 줄을 세웠다. 그리고 깨끗하게 빤 신발과 모자, 가방도 꺼내 옆에 나란히 두었다.

"이거 얼마예요?"

"큐브는 한 개 500원, 피규어는 3개에 2,000원이에요."

엄마는 눈이 동그래져서 준휘를 쳐다봤다. 모르는 사람이 말을 걸기라도 하면 뒤로 숨기 바빴던 준휘가 오늘은 목소리

에 힘이 실렸다. 가져온 장난감이 얼마 남지 않았을 때, 엄마가 귓속말로 속삭였다.

"준휘야, 작전 시작하자."

준휘는 매직을 꺼내 크게 무언가를 적었다.

마감 이벤트 시작, 1+1 서비스 증정

준휘는 지나가는 사람들에게 소리쳤다.

"하나 사면 마음대로 하나 더 골라갈 수 있어요. 구경하고 가세요."

옆에서 함께 물건을 팔던 사람들이 준휘네 자리로 와서 구경했다. 반값으로 깎아 주거나 하나 더 끼워 팔다 보니 내놓은 물건이 점점 사라졌다. 엄마가 현금이 없다는 사람에게 계좌번호를 알려 주는 사이 준휘는 다른 손님에게 잔돈을 거슬러 줬다.

마지막 물건까지 팔고 나서, 엄마는 준휘에게 오늘 판 돈을

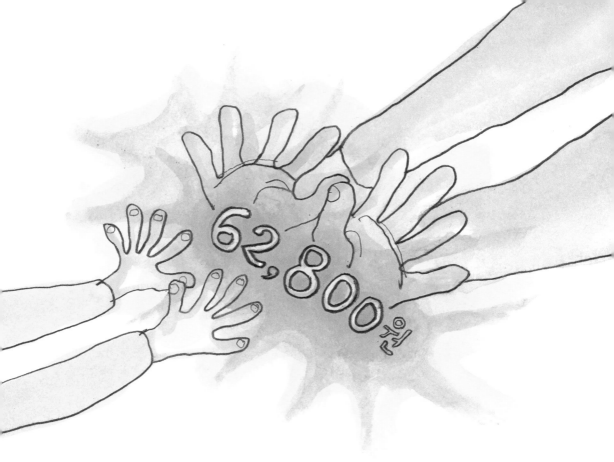

세어 보자고 했다. 준휘는 지폐와 동전을 각각 세기 시작했
다. 엄마는 계좌로 송금받은 돈을 빈 종이에 적었다.

"62,800원."

준휘와 엄마가 동시에 같은 금액을 외쳤다. 그러고는 약속
이라도 한 듯 두 손바닥을 서로 마주쳤다.

자리 정리를 해 달라는 안내 방송이 나왔다. 엄마가 돗자리를 접는 동안 준휘는 쓰레기를 봉지에 담았다. 준휘는 10,000원짜리 세 장을 꺼내 본부석에 있는 어린이재단 기부함에 넣었다. 엄마와 준휘는 두 눈을 맞추며 씽긋 웃었다.

장터에서 번 돈	기부금	남은 돈
62,800원	30,000원	**32,800원**

집으로 오는 길에 준휘는 아빠에게 전화를 걸었다.

"아빠, 나 가져간 물건 다 팔았어요. 그리고 판 돈으로 기부도 했어요. 저 좀 멋지지요?"

중고 거래

필요한 물건을 살 때, 중고 시장을 이용해 보는 건 어떨까요? 새로 산 물건을 사용할 때, 나중에 팔 수도 있다고 생각하면 물건을 더욱 소중히 다루게 되겠지요.

중고 제품을 이용하면 환경에도 도움이 돼요. 버려지는 물건을 줄일 수 있어 쓰레기를 줄일 수 있는 건 물론이고, 새 물건을 만드는 데 배출되는 탄소도 줄일 수 있지요. 이제는 안 보는 책이나, 가지고 놀지 않는 장난감, 작아진 옷이나 신발처럼 내 물건 가운데 팔릴 만한 물건을 찾아보세요. 심하게 낡거나 고장난 물건이면 안 돼요. 나한테는 필요 없지만 다른 사람이 쓸 만한 물건이어야 해요. 또 버리긴 아깝지만 팔리진 않을 거 같은 물건은 나눔을 해 보는 것도 좋아요. 중고 거래 앱이나 인터넷 지역 카페, 마을 주민센터에서 하는 벼룩시장을 이용해 보세요. 중고 물품에 알맞은 값을 매기고, 물건을 팔아 보면서 시장 경제를 간접적으로 경험해 볼 수 있답니다.

나눌수록 커지는 따뜻한 마음

돈을 벌고 쓰는 일은 보이지 않는 고리로 연결돼 있어요. 돈으로 연결된 사회란, 혼자서는 살 수 없는 세상이란 뜻이에요. 사회가 건강하고 행복해야 내 행복도 지킬 수 있지요. 미국 유명 잡지 〈사이언스〉에서 기부와 행복의 관계를 연구한 적이 있어요. 세금을 내거나 자신을 위해 쓴 '개인용' 지출보다 다른 사람에게 선물하거나 기부금을 내는 '사회적' 지출에 사람들은 더 큰 행복감을 느낀다고 해요.

무인 문구점

"박강하, 너도 문구점 같이 갈 거지?"

학원을 마친 아이들은 문구점으로 우르르 몰려갔다. 이것저것 만지며 구경해도 눈치를 주는 사람이 없어서 그런지 학원 앞 무인 문구점은 늘 아이들로 북적인다. 문구점 문을 열자마자, 종이에 커다랗게 쓰인 글씨가 눈에 띄었다.

> 최근 도난 사건 발생했습니다. CCTV 판독 후
> 해당 학생은 경찰 조사를 받도록 조치하겠습니다.

　강하는 자기가 훔친 것도 아닌데 괜스레 흠칫 놀랐다. 종이에 인쇄된 CCTV 화면이 강하 시선을 사로잡았다. 화면에는 불룩한 주머니에 손을 넣은 모습이 찍혀 있었다. 모자를 쓰고 있어 얼굴은 잘 보이지 않았지만, 키도 덩치도 강하보다 커 보였다.

　'도대체 왜 그런 짓을 한 거지. 뭘 가져간 걸까?'

　강하는 이런 생각을 하며 계산대 옆 빛이 아른거리는 쪽으로 얼굴을 돌렸다. 못 보던 거울이 벽에 붙어 있었다.

　'양심 거울이라고? 이게 뭐지?'

귀여운 경찰관 캐릭터가 네모난 거울 주변을 둘러싸고 있었다. 거울 아래로 그림과 어울리지 않는 굵고 각진 글씨가 보였다.

> **당신의 가족이 지켜보고 있습니다.**
> **물건을 계산하지 않고 가져가거나**
> **현금을 가져가는 행위는 범죄입니다.**

그 순간, 강하는 오늘 학교에서 선생님이 보여 준 영상이 떠올랐다. 한 학생이 결제 단말기에 물건값이 싸게 찍힌 걸 보고, 몇십 번 다시 찍어 본 끝에 결국 제값을 치르고 갔다는 뉴스였다. 양심을 지킨 학생을 칭찬하는 선생님을 보며 강하는 속으로 생각했다.

'나라면 어땠을까? 그냥 가지고 갔을지도 몰라. 엉뚱한 값을 알려 준 건 기계 잘못이니까. 내가 일부러 그런 게 아니니 괜찮다고 생각했을 거야……'

강하는 고개를 들었다. 양심 거울에 비친 자기 얼굴을 보자 정신이 번쩍 들었다. 거울이 '나쁜 유혹을 물리치고 떳떳하게 네 얼굴을 봐.' 하고 말하는 것 같았다. 때마침 뒤에서 준호가 불렀다.

"박강하, 왜 그렇게 멍하게 서 있어?"

"으응? 그냥. 넌 뭐 살 거 있어?"

"포켓카드 사려고. 야! 이서진, 너 지난번에 전설 등급 뽑았다고 했지?"

"그럼, 나 벌써 세 번이나 뽑았어. 이래 봬도 이 손이 금손이거든."

"진짜? 그럼 네가 나 대신 카드 골라 주라. 난 아무래도 똥손인가 봐. 뽑을 때마다 낮은 등급만 걸리더라고."

"그래, 내가 한번 뽑아 볼게."

서진이는 카드 팩이 꽂힌 상자를 이리저리 살피고는 손가락으로 봉지 끝을 스르륵 훑었다. 그리고 향기를 맡듯이 눈을 지그시 감고 카드 한 팩을 꺼냈다.

"자, 한번 열어 보시지."

강하도 덩달아 심장이 쿵쾅거렸다. 준호는 두 손을 모아 기도하는 척하더니 봉지를 뜯어 캐릭터를 확인했다.

"야, 이서진 너 금손이라며, 이게 뭐야!"

준호가 원망 섞인 목소리로 외쳤다. 그러고는 캐릭터 카드를 바닥에 내팽겨쳤다. 심지어 카드값으로 결제한 2,000원을 도로 내놓으라며 우기기까지 했다.

"내가 왜 너한테 2,000원을 줘야 하는데? 네가 대신 골라 달라고 한 거잖아!"

"네가 나한테 전설 등급 뽑는다고 자랑했으니 책임을 져야지. 내 돈 다시 내놔!"

"그런 게 어딨어! 뽑은 적 있다고 했지, 꼭 그게 나온다고 내가 언제 그랬어. 강하, 네 생각은 어때? 준호가 다시 2,000원 내놓으란 게 말이 돼?"

바닥에 널브러진 카드를 보던 강하는 서진이가 묻는 말에 머리가 하얘졌다.

"어? 그런 거 같기도 하고 아닌 거 같기도 하고⋯⋯."

둘 사이 끼인 강하는 말을 흐릴 수밖에 없었다. 때마침 준호 휴대전화가 '띠리링' 울렸다. 학원 갈 시간을 알리는 준호 엄마 목소리가 전화기 너머로 들렸다. 씩씩거리던 준호가 먼저 문을 열고 나섰다. 뒤따라 서진이가 말없이 휑 나갔다.

딸랑거리는 종소리가 가게 안을 메웠다.

강하는 바닥에 널브러진 카드를 물끄러미 바라보다 주워서 주머니에 넣고는 한쪽 어깨로 문을 밀었다. 목덜미 안으로 찬 공기가 파고들었다.

무인 가게

요즘 작은 규모의 가게들은 주로 무인 매장으로 운영하는 경우가 많아요. 덕분에 처음 가게를 시작하는 사람들도 큰돈을 들이지 않고 가게를 열 수 있어요. 무인 매장은 사람 대신 키오스크가 가게를 지켜요. 그래서 사장님은 시간을 자유롭게 쓸 수 있어요. 다른 직업을 가질 수도 있고, 같은 매장을 여러 개 운영할 수도 있지요. 일하는 사람을 쓰지 않아도 되기 때문에 인건비*를 줄일 수 있고, 가게를 24시간 운영할 수 있는 것도 장점이에요. 또한 키오스크로만 계산을 할 수 있어서 매출을 관리하는 것도 편해요.

*인건비 : 가게나 기업에서 사람을 부리는 데 드는 비용.

하지만 좋은 점만 있는 건 아니랍니다. 가게를 열 때 비용이 적게 들어가는 만큼 큰 수익을 내기가 어렵고, 요즘은 무인 가게들이 많이 생겨나서 경쟁이 치열해요. 또한 물건을 훔쳐 가거나, 물건을 망가뜨리거나, 쓰레기를 아무 데나 버리는 것처럼 사람들 양심에 맡겨야 하는 일에 많은 문제가 일어나요.

키오스크를 다루는 게 서툰 사람들에 대한 대처가 어려울 뿐 아니라, 기계가 고장나거나 물건을 교환하거나 환불해 줘야 할 때도 그때그때 처리하기가 쉽지 않아요.

물건을 훔치는 사람

물건을 부수는 사람

쓰레기 버리는 사람

◎ 소비자로서 무인 가게를 이용할 때 편리한 점과 불편한 점을 생각해 보세요.

	편리한 점	불편한 점
무인 가게	● 보는 사람이 없어서 자유롭게 구경할 수 있다. ●	● 물건을 교환하거나 반품할 때 번거롭다. ●
사람이 있는 가게	● 교환, 반품이 쉽다. ●	● 구경만 하고 나갈 때 눈치가 보인다. ●

우리가 주인, 양심 문방구

  고등학교에서 '양심 문방구'를 운영한 사례가 있어요. '양심 문방구'에는 주인도, CCTV도 없어요. 설문조사를 통해 필요한 학용품을 준비해 두면, 학생들은 자유롭게 양심 저금통에 돈을 내고 물건을 가져가요. 물건마다 가격을 표시해 두긴 하지만, 학생들 스스로 값을 매겨 사는 방식이에요. 달마다 말에 양심 저금통에 모인 금액과 팔린 물건의 원래 값을 비교해 양심 온도를 공개해요. 제값을 치르고 산 학생이 많을수록 양심 온도가 높아지지요.

우리가 낸 의견으로 문구점이 생겨서 보람차고 뜻깊었다.

학교 학생들이 양심을 잘 지켜 양심 온도계가 뜨거워지면 좋겠다.

앞으로도 학생이 주인이 되는 행복한 학교생활을 하고 싶다.

양심 문방구를 이용한 학생들의 소감이야. 정말 멋지지 않아?

멋진 학생들이야!

ⓦ 내가 만약 '양심 문방구'에서 물건을 산다면, 여러분은 어떻게 하고 싶은가요?

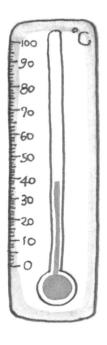

남긴 이익을 도움이 필요한 곳에 기부한다면,
더 비싼 값을 주고 물건을 살 수 있어요.

적당한 가격에 살 거예요. 왜냐면 물건을 만들거나
파는 사람도 제값을 받아야 손해 보지 않으니까요.

제 값보다 싸게 살 거예요.
싸게 살수록 내 돈을 아낄 수 있으니까요.

환상적인 생일 파티

"아버지, 저희한테 뭐 주실 거 없어요?"

"어? 벌써 용돈 줘야 하는 날이네, 일주일도 금방이야."

"용돈 올려 주시기로 한 거 안 잊으셨죠? 이제 얼마 안 남았어요."

강하는 냉장고 위에 붙어 있는 용돈 계약서를 손으로 가리켰다. 용돈 계약서를 쓸 때만 해도 한참 남은 것만 같았는데 어느덧 다음 달이면 강하도 열두 살이다. 강하는 용돈 계약서를 쓴 뒤로 소비 습관이 달라진 것 같아 뿌듯한 마음이 들었다.

용돈 계약서

- 나, 박강하는 일요일에 용돈 4,000원을 받겠습니다.

- 용돈이 모자라면 '집안일 아르바이트'를 해서 추가 용돈을 벌어 쓰겠습니다.

- 부모님 외 사람들에게 받은 용돈의 절반은 미래를 위해 저축하겠습니다.

- '용돈 기입장'을 쓰며 계획한 대로 용돈을 썼는지 확인하겠습니다.

이 계약은 20○○년 12월 말까지 유효하며,

열두 살이 되면 부모님과 의논해

금액을 다시 정하도록 하겠습니다.

(다음 용돈 협상일 : 20○○년 ○월 ○일)

서명 : 박강하 박강하

이번 주 용돈, 1,000원짜리 네 장이 강하 손에 들어왔다. 날씨가 추워져 운동장에서 놀 일이 없으니, 용돈 쓸 일도 줄었다. 지갑을 꺼내 보니, 1,000원자리 여섯 장이 들어 있었다. 용돈으로 받은 4,000원을 더하니 딱 10,000원이 되었다. 강하는 10,000원을 꺼내 소원 봉투 두 개에 나누어 넣었다.

봉투 이름	넣은 돈	합계
서진이 선물		19,010원
스케이트장	5,000원	25,000원
해리포터 지팡이	5,000원	23,900원

강하는 두둑해진 봉투를 보며 흐뭇한 웃음을 지었다. 그러고는 뭐가 생각났다는 듯 이마를 '탁' 쳤다.

'참! 서진이 생일 선물 사야지. 잊어버릴 뻔했잖아.'

강하는 서진이 선물 봉투에 있는 돈을 모두 꺼내 지갑에

넣었다. 서둘러 헬멧을 쓰고 자전거에 올라탔다. 무인 문구점에 도착해 문을 밀고 들어가니 '딸랑' 하고 종이 울렸다.

강하는 문구점 이곳저곳을 둘러보았다. 그러다 서진이가 좋아하는 아이언 맨 캐릭터 상품이 진열된 곳에서 멈춰 섰다. 아이언 맨이 그려진 그립톡과 오색 볼펜, 그리고 형광펜 세트를 골랐다. 그리고 졸음퇴치 껌 한 통도 담았다. 꾸벅꾸벅 조는 게 특기인 서진이에게 꼭 필요한 간식일 것 같았다.

강하는 바구니에 물건을 담아 계산대로 가져갔다. 바코드 읽는 곳에 고른 물건을 하나씩 갖다 댔다.

"상품 목록을 확인한 후 결제 버튼을 눌러 주세요."

화면 위 빨간색 단추를 누른 뒤, 지갑에서 10,000원짜리 한 장과 5,000원짜리 한 장을 꺼내 현금 넣는 구멍에 스르륵 밀어 넣었다. '영수증을 받으시겠습니까?' 하고 묻는 물음에 '네'라고 적힌 단추를 꾹 눌렀다. 거스름돈 2,000원과 네모난 흰 종이가 함께 밀려 나왔다.

'아! 아빠가 말한 세금이 진짜 적혀 있네. 내가 내는 세금은 부가세였어.'

집으로 온 강하는 선물을 사고 남은 돈 6,010원을 저금통에 넣었다.

서진이 선물 사려고 모은 돈	실제 쓴 돈	남은 돈
19,010원	13,000원	**6,010원**

그러고는 서랍에 있는 편지지를 꺼내 축하 편지를 썼다.

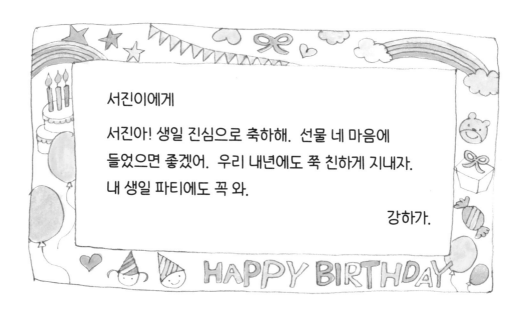

서진이에게

서진아! 생일 진심으로 축하해. 선물 네 마음에
들었으면 좋겠어. 우리 내년에도 쭉 친하게 지내자.
내 생일 파티에도 꼭 와.

강하가.

강하는 선물을 받고 기뻐할 서진이 얼굴을 떠올리니 절로
웃음이 났다.

"너무 늦게까지는 놀지 말고, 알았지? 서진이 부모님께 예
의 바르게 인사하고."

강하는 엄마가 외치는 잔소리를 뒤로하고 집을 나섰다. 서

진이 집이 가까워질수록 점점 걸음이 빨라졌다. 저녁까지 먹고 와도 된다는 허락을 받아서인지 마음이 가벼웠다. 생일 파티에 준호가 오는지 궁금했지만, 서진이에게 물어보지 않았다. 킥보드에 선물을 매달고 쌩쌩 달리며 맞는 바람이 상쾌했다. 아파트 현관에 들어서니 익숙한 뒷모습이 보였다. 준호였다. 강하는 왠지 반가운 마음이 들었다.

"너! 서진이 생일 파티 온 거야?"

"응, 서진이가 문자 보냈길래, 딱히 오늘 할 일도 없고."

귀 뒷머리를 만지작거리던 준호는 다른 손에 든 무언가를 엉덩이 뒤로 슬쩍 감췄다. 파란색 리본이 묶인 상자가 얼핏 보였다.

"생일 선물 뭘 살지 몰라서, 엄마 따라 마트 갔다가 그냥 대강 골랐어."

캐릭터 카드 산 돈을 내놓으라던 사나운 모습은 온데간데없었다. 강하는 주머니에 넣어 두었던 캐릭터 카드가 생각났다.

"자, 이거 네가 버리고 가서 내가 주워 왔어."

"아……, 고마워. 동생 갖다줘야겠다."

준호가 멋쩍은 듯 웃었다.

서진이는 한껏 들뜬 얼굴로 둘을 반겼다. 식탁에는 피자, 떡볶이, 치킨, 햄버거가 차려져 있었다. 허겁지겁 점심을 먹은 뒤, 서진이가 안방 문을 열고 말했다.

"아빠, 이거 치우지 마세요. 저녁까지 놀면서 먹을 거예요"

생일 파티는 그야말로 환상적이었다. 게임을 하다 지겨우면 유튜브를 보고, 보드게임을 했다. 누가 먼저 풍선을 터뜨리

나 게임부터, 불닭 소스를 맛보고 물 안 마시고 오래 버티는 게임까지. 셋은 집이 떠나가도록 시끄럽게 떠들며 놀고 먹고 또 놀았다.

놀다 지쳐 쉴 때쯤 안방에서 서진이 아빠가 코 고는 소리가 선명하게 들렸다. 어느새 저녁 아홉 시가 훌쩍 넘었다. 강하와 준호는 아쉬운 마음을 남긴 채 서진이네 집에서 나왔다. 집으로 온 강하는 생일이 얼마나 남았는지 손으로 꼽아 봤다.

'두 달하고도 십 일. 좋았어!'

바코드란?

물건에서 검은 막대 모양 기호를 본 적이 있지요? 이걸 바코드라고 해요. 바코드에는 나라 이름, 회사 이름, 상품 이름, 가격 같은 상품에 대한 정보가 들어 있어요. 검은색 막대의 넓이와 수, 그리고 아래에 적힌 번호에 따라 상품을 구분해요.

바코드에 담긴 뜻

8 801037 003584

| 국가번호 (3자리) | 제조업체번호 (4자리) | 상품품목번호 (5자리) | 검증번호 (1자리) |

국가번호
나라마다 정해진 고유 번호

제조업체번호
상공회의소에 등록하면 발급받는 번호

상품품목번호
회사에서 제품에 부여하는 번호

검증번호
판독 오류 방지를 위해 프로그램에서 자동생성된 번호

국가번호는 약속처럼 정해져 있어. 우리나라는 880, 북한은 867, 가까운 일본은 45나 49!

오~ 우리랑 똑같네. 우리도 몸에 제각기 다른 일련번호가 있잖아.

선물하기

누군가를 위해 선물을 사 본 적이 있나요? 받는 사람이 기뻐할 모습을 떠올리면 저절로 마음이 따뜻해지지요. 소중한 사람을 위해 선물을 사는 일은 생각보다 큰 기쁨이랍니다. 선물을 할 때는 주는 사람과 받는 사람의 관계, 저마다 상황에 맞추어 알맞게 골라야 해요. 너무 과한 선물은 서로에게 부담이 될 수 있어요.

쓸 수 있는 돈이 얼마만큼인지 확인해요.

선물 받는 사람에게 필요한 게 뭔지 생각해요.

직접 가게를 방문하거나, 인터넷으로 사요.

마음을 담은 손 편지와 함께 전달해요.

ⓦ 나를 위해 돈을 쓴 일을 떠올려 보고 기분이 어땠는지 써 보세요.

ⓦ 남을 위해 돈을 쓴 일을 떠올려 보고 기분이 어땠는지 써 보세요.

생생하게 꾸는 꿈

　서진이네 집에서 신나게 놀고 온 날, 강하는 빗자루를 타고 하늘을 나는 꿈을 꿨다.

　입에서 불을 내뿜는 용에게 쫓기고 있었는데, 강하가 마법 지팡이를 흔들 때마다 하늘에서 비구름 구슬이 떨어졌다. '윙가르디움 레비오사' 강하는 가까스로 용을 따돌리고는 통쾌한 웃음을 지으며 성 꼭대기까지 전력 질주를 했다. 그러다 까만 망토가 지붕 모서리에 걸려 손에 쥐고 있던 지팡이를 놓치고 말았다.

"안— 돼애— 내 지팡이, 아— 안—돼—."

"강하야, 일어나 학교 늦겠다. 무슨 잠꼬대를 이렇게 요란하게 해."

엄마가 손으로 강하 엉덩이를 톡톡 쳤다. 강하는 손등으로 눈을 비비며 힘겹게 몸을 일으켰다.

'해리포터 지팡이가 배송 올 때가 됐는데……'

지난주 강하는 인터넷 쇼핑몰에서 마음에 드는 지팡이를 골랐다. 그러고는 서랍 속 소원 봉투에 모아 둔 돈을 꺼내 엄마에게 내밀었다.

해리포터 지팡이
23,900원

"언제 이만큼 모았어? 우리 강하 대단한데?"

엄마는 놀란 눈빛으로 강하를 보고는 인터넷으로 지팡이를 주문했다. 꿈에서 본 지팡이를 진짜로 만져 볼 생각을 하니 가슴이 두근거렸다. 어디선가 읽은 문장이 머릿속을 스쳤다.

'생생하게 꾸는 꿈일수록 꿈이 아닌 현실이 된다.'

학교 교문을 나서는데 희미하게 눈발이 날렸다. 강하 입에
서 새하얀 입김이 피어올랐다. 꿈속에서 비구름 구슬이 터질
때 나왔던 연기랑 비슷했다. 옆에 있던 준호가 말을 걸었다.

"강하야, 스케이트장 언제 갈 거야? 다음 주 토, 일 중에

넌 어때?"

"난 둘 다 괜찮아."

"오케이, 알았어. 너 근데 스케이트 잘 타?"

"아니, 나 딱 한 번밖에 안 타 봤어. 넌?"

"난 두 번. 나도 잘 못 타. 동시에 넘어지면 진짜 웃기겠다."

싸라기눈이 그치고 나니 매서운 칼바람이 불었다. 손난로가 든 주머니는 따뜻했지만, 종아리 아래로는 차가운 바람이 드나들었다. 아침에 정신없이 골라 입은 바지가 발목이 훤히 보일 만큼 올라가 있었다.

'아이참, 어쩐지 좀 작아 보였는데.'

훌쩍 커 버린 키만큼 강하는 하고 싶은 것도, 가고 싶은 곳도 많아졌다. 혼자 힘으로 해낼 거란 자신감도 생겼다.

"다녀왔습니다."

인사에 아무런 대꾸가 없었다. 방 안을 들여다보니, 엄마와 준휘가 무언가를 지켜보고 있었다.

"강하, 왔어? 여기 와서 이거 봐 봐."

"뭐야? 도마뱀이잖아!"

"형아, 조용히 해. 지금 얘 환경이 바뀌어서 예민해."

"그래서 이렇게 가만히 있는 거야? 와— 생각보다 엄청 작다. 근데 어디서 났어?"

"중고 시장에 올라온 도마뱀 사진을 보여 줬는데, 준휘가 당장 집으로 데려오자고 조르지 뭐니."

"형아, 내 용돈으로 도마뱀 데려온 거야."

나눔 장터에서 번 돈	저금통에서 꺼낸 돈	합계
32,800원	17,200원	**50,000원**

준휘는 나눔 장터에서 번 돈과 게코용 저금통에 모은 돈을 꺼내 50,000원을 만들었다. 그동안 게코용 저금통에 준휘가 돈을 넣을 때마다 엄마랑 아빠가 같은 금액씩 넣어 준 덕분에 17,200원을 모을 수 있었다. 퇴근해서 온 아빠도 신기한 듯 사육장 안을 뚫어지게 들여다봤다.

"저녁 준비 다 됐어요. 도마뱀 그만 보고 이제 나오세요."

엄마가 부르는 소리에 강하네 가족은 식탁 앞으로 모였다. 숟가락을 놓던 강하가 입을 뗐다.

"아빠 엄마, 용돈 계약서 쓰는 날이에요."

"그래, 안 그래도 말하려던 참이었는데, 강하랑 준휘 생각 좀 해 봤어?"

"용돈을 2주에 한 번 받는 게 어떨까요? 일주일이 금방 지나가기도 하고, 조금 더 큰 돈을 관리해 보고 싶어서요."

"오, 그것도 괜찮겠다. 용돈은 얼마나 올렸으면 좋겠어?"

"음……, 제 생각에는 물가도 올랐으니 2,000원 정도 더 주시면 어떨까요?"

"하하하, 녀석 물가 핑계를 대기는. 그럼 2주에 10,000원 어때?"

"좋아요. 저는 찬성이요."

"엄마도 찬성."

"그럼 나는? 나도 2주 용돈 받는 거야?"

"그래, 준휘도 그럼, 2주치 용돈으로 5,000원 어때?"

"네! 저도 당연히 좋습니다."

저녁밥을 다 먹은 뒤, 강하는 소파에 앉아 무언가를 골똘히 생각했다.

"아빠, 저도 준휘처럼 기부해 보고 싶어요. 저는 버려지는 반려동물들을 돕고 싶거든요. 그래서 말인데 기부 저금통을 따로 만들면 어떨까요?"

"강하야, 어쩜 그렇게 멋진 생각을 했어? 우리 아들이 아빠

보다 낫네. 아빠도 그럼 일주일에 1,000원씩 넣어 줄게. 푼돈
도 모이면 커지니까."

아빠는 강하 머리를 쓰다듬고는 엄지를 높이 세워 올렸다.
새로운 용돈 계약서에 사인을 마친 강하는 어깨에 힘이 쫙
들어갔다.

용돈 계약서

- 나, 박강하는 첫째, 셋째 주 일요일에 2주치 용돈 10,000원을 받겠습니다.

- 용돈이 모자라면 '집안일 아르바이트'를 해서 추가 용돈을 벌어 쓰겠습니다.

- 부모님 외 사람들에게 받은 용돈의 절반은 미래를 위해 저축하겠습니다.

- '용돈 기입장'을 쓰며 계획한 대로 용돈을 썼는지 확인하겠습니다.

- 일주일에 한 번, 기부 저금통에 돈을 넣겠습니다.

이 계약은 20○○년 12월 말까지 유효하며,

열세 살이 되면 부모님과 의논해

금액을 다시 정하도록 하겠습니다.

(다음 용돈 협상일 : 20○○년 ○월 ○일)

서명 : 박강하

강하는 방으로 들어가 책장 위에 놓인 저금통을 흔들었다. 지폐와 동전이 뒤섞여 짤랑거렸다.

'가득 차면 기부 저금통이랑 통장에 나눠 넣어야지.'

강하는 소원 봉투를 만들고, 은행에 예금도 해 보면서 '꿈'에 대해 구체적으로 생각했다.

강하는 언제부턴가 혼자 쓰는 작업실을 갖고 싶었다. 작업실에서 좋아하는 실험을 하며 제품을 만드는 영상을 찍는 게 꿈이다. 작업실 한쪽 벽면에 '박강하'라는 이름이 적힌 특허장과 상표 등록증이 걸려 있을 걸 생각하니 가슴이 부풀었다.

강하는 소원 봉투 위에 매직으로 '작업실'이라고 적었다.

'10년……, 20년 뒤, 과연 나는 어떤 사람이 될까?'

"강하야! 나와 봐, 밖에 눈 와. 함박눈이네."

'딩동'

"택배 왔다!"

꿈이 있는 나의 미래

Ⓦ 생생한 꿈이 있는 사람과 없는 사람의 차이는 무엇일까요?

Ⓦ 닮고 싶은 사람이 있나요? 있다면 누구인지 말해 보세요.

Ⓦ 여러분은 어떤 소원 봉투를 만들고 싶나요?

내 소원은…… 비밀!

넌 소원이
뭐야?

135

돈이 좋은 열한 살
야무지게 돈 모으는 법

초판 1쇄 2025년 2월 3일

글 박현아 그림 장경혜 | **펴낸이** 황정임
총괄본부장 김영숙 | **편집** 김로미 김선의 | **디자인** 김태윤 이선영
마케팅 이수빈 윤인혜 | **경영지원** 손향숙 | **제작** 이재민

펴낸곳 도서출판 노란돼지 | **주소** 10880 경기도 파주시 교하로875번길 31-14 1층
전화 (031)942-5379 | **팩스** (031)942-5378
홈페이지 yellowpig.co.kr | **인스타그램** @yellowpig_pub
등록번호 제406-2009-000091호 | **등록일자** 2009년 11월 18일

ⓒ 박현아 · 장경혜 2025
ISBN 979-11-5995-462-7 74320
　　　979-11-5995-463-4 74320(세트)

• 이 책의 그림과 글의 일부 또는 전부를 재사용하려면 반드시 저작권자와
　도서출판 노란돼지의 동의를 얻어야 합니다.
• 값은 뒤표지에 있습니다.
• 책 모서리가 날카로우니 던지거나 떨어뜨리지 마세요.